歷代一統表

主　編　王彩琴
副主編　晁會元
　　　　扈耕田

全國高校古籍整理研究委員會資助項目
河南古都文化研究中心學術文庫成果
白河書齋河洛文獻系列叢書之三

文物出版社

編委會

序

中國傳統的文獻目錄，自古包括歷史沿革與地域研究，有着非常長遠的源流歷程，淵源可以追溯到上古。戰國時期的《山海經》西漢目錄學家劉向、劉歆父子整理編校，記載了中國說傳時期傳說中的地理知識。包括山川、道里、民族和物產。涉及到歷史、地理多種學術領域。唐李吉甫撰，成書於元和八年(813)《元和郡縣圖志》是現存最早的古代地理總志，系統的敘述古代政區地理沿革。《四庫全書總目提要》稱：『輿地圖經，隋唐志所著錄者，率散佚無存；其傳於今者，惟此書為最古，其體例亦為最善』。宋代成書的《太平寰宇記》，記述了宋朝的疆域版圖。廣泛引用歷代史書、地志、文集、碑刻、詩賦以至仙佛雜記等，保留了大量珍貴的史料。是繼《元和郡縣誌》後又一部現存較早較完整的地理總志。明、清代成書的《寰宇通志》、《大明一統志》《大清一統志》是歷史地理學者乃至研究歷史、經濟、軍事的學者必讀的重要參考書。迄今仍是研究中國傳統文化不可或缺的典籍。

清代偃師史學家段長基編纂的《歷代統紀表》十三卷、《歷代疆域表》三卷、《歷代沿革表》三卷，是繼承古代目錄學編纂歷史沿革的三部重要著作。三部書的編輯，仿照太史公十表之式，分為數格，編年以紀其事。武億贊之：『及讀西崖「歷代一統表」，而大一統之模概可覩矣。歷代之表，大書一統於上，而即以分統者橫列於下，以紀其年月。』同時也參考了司馬光《資治通鑑》、朱熹《資治通鑑綱目》清《御批資治通鑑綱目》《資治通鑑前編》《續資治通鑑綱目》的體例。曾守誠在《歷代統紀表跋》中稱：『歷代三表簡括詳明，學者欲通古今之事，此書易於睹記。』

《歷代統紀表》《歷代沿革表》《歷代疆域表》的成書，與清代歷史地域沿革研究之風密不可分。明代滅亡以後，漢族士大夫在依附朝廷的同時，思想上傳承理學，追逐道統成為時尚。清初史書編纂曾經掀起高潮，《綱鑒會纂》《綱鑒彙編》一類史書編纂很多，由於其中涉及明史部分引起朝廷不滿。如清康熙間，南陽知府清朱青岩整理明王世貞撰《會纂綱鑒》後附自撰《明紀輯略》，被嚴厲禁毁。《四庫禁書研究》禁書統計的此類史書達數十種之多。在這種形勢下，一些學者開始作沿革式歷史資料著作的編輯。期間歷史沿革、地理地域著作層出不窮。成果最著為清初顧祖禹獨撰的《讀史方輿紀要》。順治元年（1644），清兵入關，顧祖禹恥於走入仕途，避居常熟虞山，立志著述《讀史方輿紀要》，『蓋將以為民族光復之用』。康熙年間，曾參與《大清一統志》的編修，但不受清廷一官一職，書成後甚至拒絕署名。在此期間，利用工作之便，遍查徐氏傳是樓藏書，為《讀史方輿紀要》的修撰，積累了大量資料。經過三十餘年，約在康熙三十一年（1692年），完成了這部舉世聞名的歷史地理巨著《讀史方輿紀要》後附《輿地要覽》），約二百八十萬字。選取材料與一般地志不同。著重記述歷代興亡大事、戰爭勝負與地理形勢的關係，撰述歷代州域形勢。特別是以明代兩京十三布政使司及所屬府州縣為綱，分敘其四至八到、建置沿革、方位、古跡、山川、城鎮、關隘、驛站等內容，與各地理實體有關的重要史實，隨後，記述『川瀆異同』，作為『昭九州之脈絡』。最後一卷是傳統之説『分野』，作天地對應，有『俯察仰觀之義』。前面歷代州域形勢以朝代為經，以地理為緯；後面分省則以政區為綱，朝代為目，全書經緯交錯，綱目分明，且自作自注，學術價值極高。此書強調經世致用，顧祖禹認為：輿地之書不但要記載歷代疆域的演變和政區的沿革，而且還要包括河渠、食貨、屯田、馬政、鹽鐵、職貢等歷史自然地理和歷史經濟地理的內容。這在書中多有體現，不但對於軍事地理、沿革地理方面有十分重要的記述，而且在經濟地理方面亦有相當可觀的內容。清康熙六年，江蘇虞山陳芳績，有感於『歷代史與天下府州縣誌大都紛紜錯雜，牽扭重疊，皆因作史者止就一代，作志者止就一方，未究根源，而閲之者承訛襲舛，終莫考正』。因此究心於天文地理之書，著《天下郡縣輿圖》。又『博觀二十一史，廣搜天下志乘，按其山川、城廓、形勢、位置，究其歷代淵源』，於康熙六年（1667）撰成《歷代地理沿革表》一書。以表的形式詮述上古至明代地理沿革。陳書乃未竟之稿，撰成後並未刊刻，埋沒了156年。至道光十三年（1833）交付剞劂，始得以問世。陳書《歷代地理沿革表》是段長基《歷代地域表》《歷代沿革表》的姊妹篇。從時間上看，段之著作撰寫年代晚於陳，但刻板發行早於前者。段長基，字西崖，偃師縣人。清乾隆四十二年（1777）拔貢，官廣東後補州判、海康知縣。《歷代統紀表》《歷代地域表》《歷代沿革表》為段長基自乾隆年至嘉慶年廣東任職期間所著，清嘉慶二十年味古山房初刻，同鄉好友武億為之作序，給與極高評價。至於撰寫期間，學術上是否受陳芳績影響，現不得而知。段書序言沒提到陳芳績及其著作，說明尚不知其書的存在。但段長基《歷代統紀表》《歷代地域表》《歷代沿革表》的編纂無疑受到顧祖禹《讀史方輿紀要》的影響。作者在自序中云：『常熟顧處士祖禹著《方輿紀要》，自上古迄有明，建置沿革，詳贍分明，即僑置羈縻以及省廢等州縣，亦俱考核時代，魏冰叔以為天下不可無之書，洵哉！然卷帙浩繁，考釋頗略，且系前代形勢，與今尚有不合者。是編循其舊文而增減之，另為編次。』自稱其書是在《讀史方輿紀要》的基礎上編撰而成。據扈耕田教授考證：作者的編纂廣采他書，對於相關問題進行了考訂與補充。書中文字可以看出，段氏參酌的還有《春秋》《左傳》、正史地理志及《元和郡縣誌》《太平寰宇記》《元豐九域志》《通典》《文獻通考》諸書，甚至廣采別集、地志、金石等文字。《歷代統紀表》還採用了清刻《縉紳全書》《大清一統志》的資料。對其中有異議的問題，進行了認真的考證辨析。

清代刊行的《歷代統紀表》《歷代疆域表》《歷代沿革表》，有嘉慶二十年（1815）段氏家刻味古山房刻本。但成書不久，突遭變故。嘉慶二十一年（1817）左右段長基與獨子卒於旅次。遺留二孫幼孤無人照顧『寄食於親串之家』。三表曾『版業典錢』，頻於流散。時段長基好友戴錫綸任廣東南雄知州，憐其遺孤，惜其典籍。便出資購得《歷代疆域表》書版保護傳承。嘉慶二十四年在羊城戴錫綸行館重印。戴錫綸、仲振履為其作序。戴錫綸，字欽久，號東塘，河南光山人，乾隆五十二年（1787）進士。歷任廣東南海、普寧、臺浦、澄海知縣；連山同知、羅定、嘉應、南雄等地知州；韶州、高州知府等。仲振履，江蘇泰州人，清嘉慶十三年（1808）進士，曾任廣東恩平、興寧、東莞知縣。從現已流傳的版本考證，嘉慶本書名頁均署『嘉慶乙亥仲冬鐫、味古山房藏版』。大部分不是嘉慶二十年原印本。考國內館藏，《歷代疆域表》內有仲振履嘉慶二十三年、戴錫綸嘉慶二十四年題跋。民國萬有文庫印本，即根據嘉慶二十年刻版、二十四年印本影印。北京圖書館古籍再造影印本則為同治年印本。

河洛為理學道統的發源地，偃師武億是清乾、嘉時期經學傳承的代表人物。武億，字虛谷，清代乾嘉時期著名的經學家、考據學家、方志、金石學家。乾隆四十五年進士，曾知山東博山縣，卒於嘉慶四年（1799）。期間中原學術名家多出自名下。作為鄉邦學人，段長基是其摯友。《歷代統紀表》首有武億題跋，稱：『西崖與余為丱角，讀書有得，必與反覆而辯論焉，是編尤先獲我心者，不能已與言也。』武億稱：此書原名《歷代一統表》，贊其『乃地輿書之最善本』。此跋為武億生前所做，説明三部書成書在嘉慶四年（1799）以前，甚至上朔到乾隆年間。包含了西崖一生的心血。段長基是清乾嘉歷史地輿學的重要人物，《歷代統紀表》《歷代疆域表》《歷代沿革表》的出版，應視為歷史沿革目録學發展的階段性標誌。

此書的的校注問題，由於篇幅大文字多内容單一，成書至今少有學者關注。這裏提供給讀者的《歷代統紀表》《歷代沿革表》整理本，以白河書齋藏嘉慶二十年味古山房刻印本為基礎。《歷代疆域表》則以白河書齋藏嘉慶二十年味古山房刻版，二十四年重印本為基礎。在校注中力求博采衆説，擇善而從，在校勘上努力突過前人。書中表格遵從原著，同時施加現代標點。這樣做雖有若干障礙困難，目的是使這部十分重要的目録學著作更易為各方面讀者接受。段書成書功大巨偉，版刻亦屬上乘，但由於篇幅巨大。内容紛雜，難免失誤。以《歷代沿革表》為例，明顯有二項硬傷：一是考據錯誤。如山東霍邱縣，梁置霍丘戍，以地近當地霍山為名；但歷史上《讀史方輿紀要》誤引東漢朱揚《九江壽春記》《明一統志》，認為此地是周霍叔封邑，據《漢書·地理志》《周禮》鄭玄注、《左傳》杜預注考證，霍叔封於山西省境内霍丘。段氏不加考證而引用。山西太平縣，北魏稱泰平縣，北周避太祖宇文泰名諱改太平縣。《太平寰宇記》稱『據太平故關城』。縣名由此而得。時為泰平故關城。尚無『太平』之名，無以為因。段氏也不加考證。特别是記載鄉村組織『都』，為和里接近的基層組織，段氏数處記為『郡』管轄範圍差别巨大。二是校文不嚴謹。如陽信記作信陽；蓱實記作蓱竇；德安縣記作安德縣等，影響了本書的學術價值。對此校文均進行補正。除此之外，如『不夜城』、『靈寶縣』等名稱來源荒誕的記

載，也認真考證。統紀、疆域、沿革三表記載古代重複地名較多也儘量在注文中簡介。書中還有一些

名稱失傳、文字生僻的地名、人名均作注音，以便閱讀。

為了較好的完成這個高校古委會古籍整理項目，河南古都研究中心組織了具有相應水準的專家團隊。古籍版本的前期整理有白河書齋晁超、趙偉芳負責，是完成項目的幕後英雄。三書合並立項，由文字語言學專家王彩琴教授負責，除策劃申報事宜外，親自組織張虹、張艷、席德育完成了《歷代統紀表》的校勘。《歷代疆域表》由明清史學者扈耕田教授和王艷、王方領負責；《歷代沿革表》上部由晁會元、喬眞眞點校，下半部則有劉百靈、姚英負責。成書之際，對完成整理點校本各位先生的辛勤勞力，我們應當表示深切感謝。我認為：《歷代統紀表》《歷代疆域表》《歷代沿革表》的這一整理標點簡注本，是非常有意義和價值的。它即適用於愛好研究中國歷史文化的讀者閱覽，文史工作者參考，更適合學校在教學工作中的使用。

本書點校書發行，首先得益於全國高等院校古籍整理研究工作委員會科研專案項目的資助及河南古都文化研究中心的政策支持。但三表涉及遠古至明代歷史，可謂浩瀚巨著，版本及經費困難重重。為促進結項，白河書齋全力以赴，目的是希望《歷代統紀表》《歷代疆域表》《歷代沿革表》整理標點本的出版，能夠推動社會對文獻目錄學的認識。典籍之校勘，是古代目錄學的重要任務，《校讎通義》曰：『校讎之義，將以辯章學術、考鏡源流，非深明於道術精微、群言得失之故者，不足與此。』故後人稱：目錄學是辯章學術，剖析源流的學問。然從出版發行角度看，大型歷史類目錄學典籍對於社會大眾而言則屬於偏科，認知群體不眾，因此常使投資者望而卻步。但是歷史地輿目錄學在中

國學術史上的重大影響作用是永遠不可輕視的。研究中國傳統學術文化，必須歷史地看待文獻遺産的繼承與傳播。

晁會元

2019年10月6日　於白河書齋

凡例

一、本書是白河書齋藏，清嘉慶二十年（1815）段長基著，味古山房初刻《歷代沿革表》爲底本校勘的竪排繁體字校注本。

二、此次整理工作包括標點、文字處理、校勘和吸收研究成果等。

三、段刻本原有附録一律收入。

四、標點：

1、根據現行新的標點符號用法，並結合古籍整理標點的通例，對全書進行統一規範的標點。但全書不使用破折號、省略號、着重號、專名號，正文中也不使用間隔號。

2、《歷代沿革表中》中引用各種典籍極多，所以書名號的使用很廣泛，本次整理對書名號的用法進行了統一：

①並列書（篇）名之間加頓號，如『一統志洛陽縣誌』，應標爲《一統志》《洛陽縣誌》。如遇幾種典籍書、篇名混合併立，如』如『一統志河南府洛陽縣誌沿革』，應標爲『《一統志·河南府》《洛陽縣誌·沿革》。不同書名之間加頓號，同書異篇之間不加頓號。

②篇名的書號使用力求統一和規範，

③凡行文中出現的一般泛指性的『經』『注』『疏』『傳』等詞，皆不加書號。其特指的各各篇，也只予其本來篇名加上書號，經、傳、注、等皆不進書號內，以免繁瑣。

3.凡注文中引用經文原文，或疏文中引用經、注文原文，皆使用引號。凡經、注、疏文中引用其他典籍之文，皆使用引號。

五、文字處理，大致遵循以下原則：

①古體字、不規範字和明顯的版刻混用字、版刻誤字，一律改爲規範繁體字

②通假字一般保持原樣不變。

③異體字一般改爲規範繁體字，但在某些人名、地名、書名、職官、封號、徽號等專用名詞和一些約定俗成的詞組中，仍保留原樣。

④凡系刻本避清帝名諱之字改回本字。注、琉原文中作者避其當朝帝王名諱之字不回改，但出校勘記説明。

⑤凡文中被解釋或被音注的異體或古體字，在同一卷中一律保留。

⑥凡出現前後文中繁體與簡體或正體與異體或古體與今體字並列的現象，應將有關的繁體、異體、古體字在該段落中保留。

⑦凡特定詞組中的某些字，因簡化後極易引起誤解，該字不簡化。如《沿革》中所謂『高祖後』或『高祖之後』乃指古代新朝建立後前兩朝王族受封的後裔，非『王后』之謂，所以『後』字不簡化。

七、校勘

1.此次整理，原則上全面吸收歷代研究的成果爲主。凡一統志及重點注述已有明確是非

判斷者，依據之對底本正文進行改正；無明確是非判斷者，出校記説明，對於因文字出入而可能導致所證事實完全不相符合或性質形成較大差異的，整理者略作考證以决定取捨。

2.所有校勘均置于相應的頁下。校勘記的序號置于被校勘的字、詞或句的末一字右上角，校記行文中也只録該被校勘的字、詞、句，不録整句原文或前後無關的文字。

3.校勘一般不照抄原文，按統一格式對原文作適當改寫，力求簡明扼要，并在校勘行文中分别標明出處。

4.凡引用他人或他書的按語，校勘行文中直接標明爲某人或某書的觀點。

5.凡整理者自己的校勘成果，均加『按』字。如同條有幾個人或書的觀點，則整理者的按語列在最後。如前面的按語中不可避免要出現『按』字，則標『今按』或『整理者按』字樣，以示區别。

目録

清·段長基 著
王彩琴
張虹
張艷 點校
席德育

歷代一統表之一

歷代統紀表（一）

全國高校古籍整理研究委員會資助項目
河南古都文化研究中心學術文庫成果
白河書齋河洛文獻系列叢書之三

文物出版社

序

《易》曰：『大哉乾元，萬物資始，乃統天。』所謂統者，必如天之統萬物。初，無殊疆異域之分①，而有道一風同之治，乃大一統也。自戰國下迄有明二千四十七年，稱一統者八：曰秦、曰漢、曰晉、曰隋、曰唐、曰宋、曰元、曰明，然未有如我大清之盛者。秦、隋不以仁義得天下，不二世。而秦以十八王而滅，隋以十八姓而亡，固勿足論。唯劉漢、朱明猶有取焉。然戚、宦擅恣，漢不免莽、卓之變。明亦不無靖難之兵。司馬統十九州而八王構禍，貽笑群翟。蔓延十五國，卒成南北朝之分。李唐統十五道而母后遞煽連釁。藩鎮雲擾至十國，終至五季之篡。宋以遼、金、夏分據於西北。元以宋、吴、漢割裂於東南。一統之世又多不統之區，是皆創業而後守成不易，以致權日下移，而疆圉於以寖薄矣。惟我大清，帝以傳帝，聖又繼聖。歷朝延久享之祚，熙洽積自百年，累世握獨斷之權，謨猷洵可千古。先甲三，後甲三，廿二朝之弊政未見是圖。歛福五，錫福五，億萬世之黎民無思不服，左右誰敢參以私議？藩鎮誰敢攜以貳心？遠方異國，誰敢不朝中國而頌聖人？猗歟盛哉！實與唐、虞三代比隆，豈僅駕唐、宋而軼漢、明已哉。余嘗欲編爲成書，以頌王猷。紬繹久之，實有難名之狀者。及讀西崖《歷代一統表》，而大一統之模，概可覩矣。歷代之表，大書『一統』於上，而即以分統者横列於下，以紀其年月，固見無統者胥歸於一統，亦以見一統者多有不統也。至我朝之統宇，由有明上溯唐、虞，雖沿革不常，所爲州國、爲郡縣、爲道、爲路、爲軍、爲省，凡歷代之統者，無不歸於所統。而拓土開疆，如西藏、青海以

①『分』，四部備要本作『心』，當作『分』。

及外藩、西域諸統部，則我朝之所統者，實又歷代之所未及統也。東不盡東海，西不盡流沙，南極南海而更南於海，北窮北漠而又北於漠。尺地莫非王土也，一民莫非王臣也。天所統之處，即我君所統之處。其參天贊化①之功，宛然如繪矣。至其分朝紀縣、按代繪圖，有若王象之《輿地圖·疆域》，敘前代事實，而注以今之州縣沿革；依今日疆理，而系以古之郡國，有若王希先《方域志》。謂兼二子之長，乃地輿書之最善本。豈足以盡作者之意也哉！西崖與余爲丱角交，讀書有得，必與反覆而辯論焉。是編尤先獲我心者，余不能已於言也，是爲序。

賜進士出身知山東博山縣事、世弟虛谷武億拜撰。

①參天贊化，參，羅列，并立。與天并列。贊化：贊助教化。指人可以佐助自然化育萬物。語本《禮記·中庸》：『能盡物之性，則可以贊天地之化育；可以贊天地之化育，則可以與天地參矣。』

……粤稽三代以來，漢、唐、宋、明國祚最長，而大統之承，惟漢、明爲正。秦、隋不以仁義得天下，俱不終二世而亡，先儒謂爲閏位，宜也。魏篡漢，晉篡魏，天之所以報魏者不爽，而晉以骨肉操戈，貽笑群翟。自五部倡亂，卒致南北有割裂之勢。隋篡周，唐篡隋，天之所以報隋者，有自而唐以艷妃遞煽，貽禍外藩，自三鎮連釁，卒召五季成篡竊之世。宋、元之天下，俱取于孤兒寡婦之手，而宋不有檜、侫、賈、史，元不有搠思監，撲不花等輩，何至有青城之虜，崖山之溺，和林之逃哉。歷觀前代，或權臣攬柄，或閹豎弄[1]權，或宗室構禍，强姦乘間而起釁，或母后稱制，外戚恃勢以作威。總由創業以後，守成者難，權日下移，所由致也。唯我大清皇帝創制顯庸，以聖繼聖，獨握乾綱，大中居正，耳目股肱，莫不從令，大一統規，受萬邦慶，億萬斯年，永固休命。

①弄，與『弄』同，異體字。

序

古昔帝王之御天下也，典禮命，討原于天，尊卑内外，人不敢紊，是以六經不言統而統自正也。周衰，聖賢不作，綱淪法斁，禮廢樂崩，馴至彊秦入寇王室，七國均敵，不相統一。後若南北朝及五代，華夷紛争，天下無主，不得已同，謂之無統。然作史者每徇所好惡，或例義不嚴，間有倒亂其統者，如陳壽之《三國志》『帝魏寇劉』之類；有未及成統而遽以大統書之者，如《通鑑》以秦自丙午繼周、漢自高祖元年繼秦、晉自泰始元年繼魏、唐自武德元年繼隋之類。所謂統者，均未得其正也，惟有宋新安朱子《綱目》一書，筆直旨深，義正例嚴，參諸説而釐訂之。又蒙我聖祖仁皇帝萬幾之暇，博稽詳攷，析疑正陋，釐異闡幽，寔所以立天地之大綱，扶古今之大義，深有得於孔子《春秋》之心法者也。但卷帙浩繁，學者能熟悉而貫通者甚鮮，而坊間刪本，非錯記互載，參列國、建國及割據諸國于正統之中，即各國各成一編，幾不知列國、建國及割據諸國起於何帝、終于何代。是編爲初學計，仿太史公十表之式，分爲數格，以正統者正書于上，編年以紀其事，無統及篡統者低一格而横書之，至列國、建國及割據諸國，起于某正統某年某月，終于某正統某年某月，俱横列于各正統之下，而以正統之年月紀之。則分觀焉，各成各國之史；合觀之，共成一代之書，此所以大一統也。統一則綱立，綱立則義正矣。至其間所紀之書與人及祥瑞災異之見，必其有關於統之所以盛與所以衰者，乃摘録之。其典禮命討尊卑内外，一皆本《綱目》云。

大清嘉慶歲在昭陽作噩皐月西亳段長基自識。

凡例

〔正統〕謂周、○注：起威烈王二十三年，盡赧王五十九年。秦、○注：起始皇二十六年，盡二世三年。漢、○注：起高祖五年，盡炎興元年。○此用習鑿齒及程子自建安二十五以後，黜魏年而係漢統，與司馬氏異。晉、○注：起泰康元年，盡元熙二年。隋、○注：起開皇九年，盡大業十三年。唐、○注：起武德元年，盡天祐四年。宋、○注：起開寶八年，盡祥興二年。元、○注：起至元十七年，盡至正二十七年。明、○注：起洪武元年，盡崇禎十七年。

〔無統〕謂周、秦之間，○注：秦、楚、燕、魏、韓、趙、齊代。秦、漢之間，○注：楚、西楚、漢及雍以下諸國。晉、隋之間，○注：宋、齊、梁、陳。唐、宋之間。○注：梁、唐、晉、漢、周。

〔列國〕謂正統所封之國。○注：如周威烈王之前魯、衛、齊、宋等國，威烈王以後秦、晉、齊、楚、燕、魏、韓、趙、田諸國及漢諸侯王之類。

〔建國〕諸仗義自王或佀王者。○注：如秦之楚、趙、齊、燕、魏、韓。

〔篡賊〕謂篡位于統而不及傳位者。○注：如漢之吕后、王莽，唐之武后之類；其隗囂，公孫述，安史之亂之屬，不在此例。

〔割據〕謂割正統之土地而據之者，如蜀漢時，○注：吴、魏。晉宋間，○注：二趙、五凉、三秦、四燕、成、夏。北朝，○注：魏、北齊、後周。唐宋間，○注：晉、歧、吴、西蜀、楚、吴越、閩、荊南、南漢、後蜀、南唐、殷、北漢。宋元間，○注：遼、金、夏。元明間。○注：天元、吴、漢、宋、夏。

〔不成君〕謂仗義承統而不能成功者。

一、是編惟正統者正書于上，編年以紀其事，所以大一統也。

一、無統及篡統者低一格横書之，所以别正統也。

一、列國、建國及割據諸國起于某正統某年某月；終于某正統某年某月，俱横列於各正統之下，而以正統之年月紀之，所以尊正統也。

一、正統之年則書『元』，其非正統者書『初』，不書『元』。

一、災異録其大者，如元旦朔日及日食、晝晦如夜，流星經天如織之類，或叠見者如大水大旱，又山崩地裂，日一歲再食之類，餘不俱録。

一、紀事必其事之得失，有關於統之盛衰者，如典禮命討之類。

一、紀官必其人之賢否，有關於統之興衰者，如后、王、將相及權倖、戚、宦之類，餘不俱録。

一、郡縣始于秦、漢，故《疆域表》獨於秦、漢兩朝列縣分注。以後或沿或革，從可推考，故不復贅，而僑置者不與焉。

一、《沿革表》依《國朝縉紳全書》爲次，自唐、虞以迄有明，按代分考，所有邊圉未及載于《縉紳》者，一遵《大清一統志全録》，以表疆域之廣。

歷代統紀表卷之一

偃師段長基述　男搢書編次　孫鼎鑰 鼎鈞 校刊

盤古氏首出御世之君。其時天地初開，人生其間，茹毛飲血，穴居而野處。	世系	都邑	國號
天皇氏，始制干支。	兄弟十二人。		
帝皇氏，始定三辰，分晝夜，辨四時。晦朔、弦望，由之以定。	兄弟十一人。		
人皇氏，始立九州，君臣以定，政教以興。	兄弟九人。		

循蜚紀凡二十二氏。

因提紀凡十三氏。

禪通紀凡十九世。伏羲、神農在內。

疏仡紀其世自黃帝以迄于周，其事蹟①俱荒遠難稽，從五帝紀起。

太昊伏羲氏，風姓。都陳。代燧人氏有天下。始造書契。龍馬負圖出于河，帝因而畫卦。

太昊之母居華胥之渚，履巨人跡，因而有娠。生帝于成紀，以木德繼天而王，故風姓傳十五世。

史皇氏，〇注：即倉頡。柏皇氏，中央氏，大庭氏，栗陸氏，昆連氏，赫胥氏，

都于陳。〇注：今開封府屬。

太昊號伏羲氏，亦曰庖犧。在位一百一十年。

①『蹟』，今作『跡』。

	炎帝神農氏，育于姜水，故姓姜，代伏羲氏有天下。始藝五穀，嘗百草。始爲日中之市。	帝臨魁，神農子。在位八十年。 帝承，臨魁子，在位六十年。
葛天氏，尊盧氏，吴①英氏，有巢氏，朱襄氏，陰康氏，無懷氏，女皇氏。	少典氏之君娶于有蟜氏之女，曰安登。生二子，長曰石年。育于姜，故姓姜。以火德代伏羲治天下，傳八世，凡五百一十五年。	
	都陳，遷曲阜。	
	號神農氏。本起于烈山，又號烈山氏。一曰厲山，亦曰連山。其初國伊，繼國耆，合而稱之，又號伊耆氏。在位一百四十年。	

①「吴」，《四部備要》本作「昊」，當作「昊」。

帝明，承子，在位四十九年。
帝宜，明子，在位四十五年。
帝來，宜子，在位四十八年。
帝裏，來子，在位四十三年。
帝榆罔，裏曾孫。在位五十年。
時諸侯尊公孫軒轅氏爲天子，號有熊氏。

黄帝軒轅氏，代神農氏而有天下，戮榆罔于板鄉泉。

世系
姓公孫氏。因長于姬，又以姬爲姓。

都邑
都涿鹿。○注：今直隸保安州。

國號
號軒轅氏。亦曰有熊氏，在位百年崩。

誅蚩尤于涿鹿。命大撓①作甲子。命隸首作數。命伶倫作律吕。作冕旒衣裳。命元妃西陵氏教民

初，神農氏母弟世嗣少典氏爲諸侯。少典國君之妃曰附寶。生帝于軒轅之邱，因名。帝子二十有五人，得姓者十四人。元妃嫘祖生子二人，長玄囂，次昌意。〇少典，國號，非人名也。如謂國君之名。炎帝。即少典氏子，黄帝與炎帝中間相隔八帝，凡五百餘年。豈有相代而有天下乎？

于荊山之陽。今河南閿鄉縣。

①『大撓』，人名。三國管輅《管氏地理指蒙·開明堂》：『黄帝作曆，命大撓占，斗柄初昏，所指月建，而以甲乙丙丁戊己庚辛壬癸十干，配子丑寅卯辰巳午未申酉戌亥十二支，成六十甲子。于是乎有歲，歲有其干、有其支，乾鵲得氣之先知。』詳見（三國）管輅《管氏地理指蒙》，齊魯書社 2015 年版第 27–28 頁。

丁未，少昊金天氏。	名元囂。黃帝長子。一名摯。	都曲阜。	號金天氏，葬雲陽，今曲阜縣祭陵。
辛未，顓頊高陽氏。	黃帝次子，昌意之子。	都帝邱。今河南滑縣，又遷于高陽。	號高陽氏，在位七十八年，葬濮陽，今滑縣。
己丑，帝嚳。	名夋，少昊之孫，橋極之子。	封于辛，號高辛氏，都亳，今河南偃師縣。	以封于辛，號高辛氏，在位七十年，葬頓邱，今滑縣。
帝摯。	高辛氏之子，在位六年。仍以高辛氏紀年。		
甲辰，帝堯，元載名羲和。二載定閏法。十二載巡狩。	高辛氏子帝摯之弟。摯無道，諸侯廢之，尊帝爲天子。	都平陽，今山西平陽府。	初封唐，號陶唐氏，在位百年。

甲子二十一載。四十一載，舜生諸馮。六十載，舜以孝聞。七十載，舉舜登庸。七十二載，使禹平水土。益掌火。棄教民稼穡。契爲司徒。七十三載，薦舜于天。舜受終于文祖。

甲子八十載，禹告成功。八十一載，封禹於有夏，封四岳於有吕，加賜伯益，封契于商。

封棄於郜。

《春秋大事表》云：『稷、契是舜之臣。舜即位而後舉堯之時，未嘗用之。』按：此不過因《尚書》『黎民阻飢，百姓不親』數語是舜命之詞而云然也。不思舜是因禹之讓而申命稷、契，仍受舊職以終其事耳。觀《孟子》『勞』『來』『匡』『直』數語①，明明是放勳命契爲司徒之言。棄生而岐嶷，堯以爲農，封于有郜。漢、唐、宋諸儒言之甚悉，何得以堯未嘗用也？

百載乃殂落。百有二載，舜避南河。

丙戌，帝舜有虞氏。元載月正元日格于文祖。禹、皋陶陳謨。巡狩。五載韶樂成。六載巡狩。三十三載禹受命于神宗，命爲敘《洪範》『九疇』，復『九州』。

系出虞幕，姓虞氏。虞幕爲諸侯，生窮蟬。窮蟬生敬康，敬康生勾望，勾望生蟜牛，蟜牛生瞽瞍，瞽瞍生帝于諸馮之姚墟，故以姚爲姓，居潙汭，又以潙爲姓。

都蒲坂。

號有虞氏，在位五十載。

①語出《孟子·滕文公上》：『勞之來之，匡之直之，輔之翼之，使自得之，又從而振德之。』

按：舜非黃帝裔也。堯妻舜二女，寧有同姓爲婚之理？若云舜爲顓頊後，則舜爲黃帝八世孫。舜御堯女，實爲祖姑，尤謬矣。舜祖虞幕生窮蟬，後人以窮蟬爲顓頊後，不知顓頊有子八，愷並無窮蟬之名也。蘇氏云：虞祖顓頊而宗堯，皆因受天下。於人必告所從受於人之祖宗，故顓頊、帝嚳當爲文祖，堯當爲神宗，則舜固非顓頊後也。舜受于文祖，復格于文祖，皆堯之太祖也。祖考來格，則舜之祖考也。

三十五載咨禹征有苗。

甲子三十有九載。四十八載癸酉，陟方乃死。五十載，禹避於陽城。

丙子，夏后氏大禹，元歲在位。會諸侯於塗山，封舜子商均於虞。

世系

顓頊之孫。崇伯鯀之子。

都邑

都安邑。○注：今山西平陽府。

國號

初封爲夏伯，地在陽翟。○注：今開封府屬。故號。

二歲，皋陶薨，薦益于天。三歲考功。五歲巡狩。八歲巡江南，戮防風氏。崩於會稽。	《索隱》曰：『《漢書》顓頊五世而生鯀。《史記》世系諸本俱云顓頊生鯀。是古文缺其世系也。』		夏受舜禪，在位八年，崩于會稽，傳十七世并羿浞篡弑，歷四百五十八歲。
甲申，王啟。○注：在位九年。二歲，益避于箕山之陰。三歲，大戰于甘。九歲，王崩，子太康踐位。	禹之子。		
癸巳，太康。○注：在位十九年。元歲尸位。十九歲，畋于洛表。羿距于河，五弟御母以從。遂都陽夏。	啟之子。		
壬戌，仲康。○注：在位十三年。	太康之弟。		

元歲，命胤侯掌六師。秋九月朔，辰弗集於房①，羲、和②荒於酒。王命胤侯征之。

甲子三歲，羿滅伯封。○注：伯封后夔之子夏之天官。十三歲，王崩，子相立。

乙亥。后相。○注：在位二十七年。時大權歸羿，王爲羿所逐，居帝邱。元歲征畎夷。二歲征黃夷。七歲於夷③來賓，畎夷來賓。八歲，寒浞殺羿而奪其妻，生澆及豷。

仲康之子。

①謂日食也。辰，日月會次之名。《左傳·昭公七年》：『（晉）公曰：「何謂六物？」對曰：「日月之會是謂辰，故以配日。」』杜預注：『一歲日月十二會，所會謂之辰。』房，所次之星宿也。言日月會次，不相和輯，而掩食於房宿也。由于日月相會的位置發生異常，日被月所掩映，便發生日食。②羲、和，即羲氏、和氏，堯時主曆象授時之官也。羲、和爲同族兩氏，鄭玄以爲乃『重黎之民』。相傳重黎氏族世掌天地四時之官，顓頊時『乃命重黎，絕地通天』。至堯時，重黎后代氏族羲、和的首領繼續再部落聯盟中擔任這類職官。該二官，至夏朝合爲一官也。還有學者認爲，羲、和可能是部落聯盟中擅長天文曆法（天地四時）的部落或部落首領的名字，堯以前就掌管天文曆法事務。《孔傳》曰：『羲氏、和氏，世掌天地四時之官。自唐虞至三代，世職不絕。太康之後，沉湎于酒，過差非度，廢天時，亂甲乙也。』③『於夷』，四部備要本作『方夷』。由下文『方夷來賓』可知，該處當作『方夷』。

二十八歲，寒浞使其子澆弒王於帝邱。后緡方娠，逃出自竇，歸于有仍氏。靡奔有鬲氏。○注：后，有仍氏女。靡，臣名。	壬午，少康，○注：王相遺腹子，在位二十二年。滅澆于過。使季杼滅豷于戈。有窮由是亡。方夷來賓。二十二載封少子無余于越。王崩，子季杼踐位。
	壬寅，寒浞之子澆弒王相于帝邱。后緡方娠，逃出自竇，歸于有仍。明年癸卯，生少康於有仍。長依母家爲有仍牧正。澆使臣椒求之。少康逃奔有虞，爲虞庖正，以避其害。時年二十二歲矣。虞思妻以二女姚而邑諸綸，
	自王相崩後，至少康壬午，凡三十九年。《經世》缺而不書。《皇王大紀》即以少康生之年爲元歲，以少康生則夏統不絕故也。然生而無位，亦不得謂之承統，故必以少康立之年爲正統。

	有田一成，有眾一旅。能布其德而兆其謀，以收夏眾。靡自有鬲收二斟之眾，滅寒浞而立少康。		
甲辰，后杼，○注：在位十七年。元歲。五歲，征東海伐三壽。《竹書紀年·夏》：『伯杼子之東征，獲九尾狐。』十有七歲，王崩，子槐踐位。	少康之子。		
辛酉，后槐，王嗣守遺緒，九夷來御。	杼之子。		

甲子四歲。二十六歲，王崩，子芒踐位。			
丁亥，后芒。元歲，以元圭賓于河，乃東狩于海。十八歲，王崩，子泄踐位。	槐之子		
乙巳，后泄。元歲命東夷，命西羌。十六歲，王崩，子不降踐位。	芒之子。		
辛酉，后不降。甲子四歲。六歲伐九苑。五十九歲，王崩，弟扃立。	泄之子。		
庚申，后扃。甲子五歲。二十一歲，王崩，	不降之弟。		

子廑踐位。

辛巳，后廑。元歲。二十一歲，王崩，不降之子孔甲立。

壬寅，后孔甲。元歲。甲子二十有三歲。二十有七歲，商主癸子履生。三十一歲，王崩，子皋踐位。

癸酉，后皋。元歲。十有一歲，王崩，子發踐位。

甲申，后發。

元歲，諸侯賓于王門。十九歲，王崩，子癸踐位。

癸卯，后癸。○注：一名桀。元歲。甲子二十二歲，公劉遷于豳。三十三歲，伐蒙山有施氏，進妹喜。三十五歲，商主癸薨于履嗣。湯始居亳。三十六歲戊寅，湯始征葛。三十七歲，商湯進伊尹。四十歲，伊尹復歸于亳。四十二歲，囚商湯于夏臺，已而釋之。

五十一歲，太史令終古出奔商。五十二歲，夏亡。《路史》曰：『放桀南巢，桀死于亭山。其子淳維、妻共衆妾遁于北野。隨畜轉徙，號葷育，逮周曰獫狁。』

乙未，商王成湯。十有八祀，王伐桀，放之于南巢。〇注：即今巢縣。王歸自夏，誕告萬方。三月，立禹後于杞及聖賢、古有功者之後，封孤竹等國。公劉爵，世爲諸侯。

名履，主癸之子，黄帝之裔，契之十三世孫也。黄帝生玄囂，玄囂生蟜極，蟜極生高辛，高辛生契，契生昭明，爲禹作衍歷歲紀。甲寅，昭明生相土，相土生昌若，

都西亳。〇注：今河南偃師縣。

號商亦號殷，在位三十年。

大旱。十九祀大旱。二十祀大旱。夏桀死于亭山。二十一祀大旱，賑民。二十二祀大旱。二十三祀大旱。二十四祀大旱，禱桑林。三十祀王崩，嫡孫太甲踐位。

昌若生曹圉，曹圉生冥，冥生振，振生微，微生報丁，報丁生報乙，報乙生報丙，報丙生主壬，主壬生主癸，主癸生天乙，是爲殷。湯伐桀而有天下，國號商，傳二十八世，歷六百四十四祀。

戊申，太宗太甲。元祀。伊尹奉嗣王祇，見厥祖。　王徂桐官居憂。

二祀，王在桐宫。三祀，伊尹奉王歸于亳，伊尹復政。甲子，十有七祀。三十三祀王崩，子沃丁踐位。	辛巳，沃丁。元祀。八祀，伊尹薨，葬于亳。二十有九祀，王崩，立弟太庚。	庚戌，太庚。无祀。甲子，十有五祀。二十有五祀，王崩，子小申踐位。

乙亥，小甲。元祀。十有七祀，王崩，弟雍己立。

壬辰，雍己。元祀。十有二祀，王崩，弟太戊立。

甲辰，中宗太戊。元祀，亳有祥，用伊陟、臣扈、巫咸，大修成湯之政。三祀，諸侯畢朝。甲子，二十有一祀。七十有五祀，王崩，子仲丁踐位。

己未，仲丁。元祀。甲子，六祀，遷于囂。十有三祀，王崩，國内亂，弟外壬立。

壬申，外壬。元祀。十有五祀，王崩，國復亂，弟河亶甲立。

丁亥，河亶甲。元祀，徙居相。九祀，王崩，子祖乙踐位。

丙申，祖乙。元祀。圮於耿，徙居邢，巫賢爲相。十有九祀，王崩，子祖辛踐位。

乙卯，祖辛。元祀。甲子，十祀。十六祀，王崩，弟沃甲立。	辛未，沃甲。元祀。二十有五祀，王崩，國亂，祖辛之子祖丁立。	丙申，祖丁。元祀。甲子，二十有九祀。三十有一祀，王崩，國亂，沃甲之子南庚立。

戊辰，南庚。元祀。三十有五祀，王崩，國亂，祖丁之子陽甲立。

癸巳，陽甲。元祀。自沃丁以來，廢適①而更立諸弟子。諸弟子爭立，比及九世，亂。七祀，王崩，弟盤庚立。

庚子，盤庚。元祀。遷于殷，號曰殷。甲子，二十有五祀。二十有八祀，王崩，弟小辛立。

戊辰，小辛。元祀。

①適，同嫡。

二十有一祀，王崩，弟小乙立。	己丑，小乙。元祀。二十有六祀甲寅，𪍑亶父遷于岐，號曰周。二十有八祀，王崩，子武丁踐位。	丁巳，高宗武丁。元祀。王宅憂，甘盤爲相。三祀，免喪，得傅説爲相。甲子，八祀。三十有二祀，伐鬼方。五十有九祀，王崩，子祖庚踐位

丙辰，祖庚。元祀。三祀祀高宗。七祀王崩，弟祖甲立。

癸亥，祖甲。元祀。甲子，三祀。二十有八祀庚寅，周亶父之子季歷生子昌。三十有三祀，王崩，子廩辛踐位。

丙申，廩辛。元祀。六祀，王崩，弟庚丁立。

壬寅，庚丁。

元祀。二十有一祀，王崩，子武乙踐位。	癸亥，武乙。元祀。甲子，二祀，遷都河北。四祀，王崩，子太丁踐位。	丁卯，太丁。元祀。二祀，周公季歷伐燕京之戎。三祀，王崩，子帝乙踐位。	庚午，帝乙。元祀，周公季歷伐余無之戎，克之，命爲牧師。

周公季歷伐始呼之戎，周公季歷伐翳徒之戎，王賜之圭瓚、秬鬯，爲侯伯。七祀，周公季歷薨。子昌嗣。壬辰，二十有三祀，周西伯生子發。

按：《大戴禮》：『文王十五歲而生武王。』是武王少，文王止十四耳。據此云帝乙二十三祀，西伯生子發。以文王生于祖甲二十八祀計之，則武王之生文王已六十二矣。二説俱難深信。文王之子武王之前，尚有伯邑考十五年而生武王，則邑考之生當在十三四年間。后妃之娶當在十二三年間，而《關雎》之二章猶后妃未娶之詩也。豈文王十二三歲時即思后妃而寤寐求之，求之不得而輾轉反側耶？聖人思賢未必如是之早，况武王止少文王十四歲，則文王百年後崩之時，武王已八十五歲矣。又十三年伐紂，又七年而崩。

而成王即位甫十四歲，是武王生，成王已九十餘歲矣，又生唐叔虞焉，恐無是理。若云文王六十二歲生武王，雖與文王九十七而終、武王三十四歲即西伯位之年相符，豈文王六十二以前僅生伯邑考？六十二歲以後乃生武王且生武王之同母弟八人？更無此理。況讀《麟趾》《螽斯》諸篇，早知其子孫衆多，必不至六十二歲始生武王也。

三十有七祀，王崩，子辛踐位。

丁未，紂辛。元祀。六祀，西伯初禴于畢。八祀，伐有蘇獲妲己。十有二祀，囚西伯于羑里。十有三祀，釋西伯。西伯獻洛西之地，除炮烙之刑。

遂賜西伯弓矢、鈇鉞，專征伐。十有四祀，虞芮質成于周。十有五祀，西伯得吕尚。

甲子，十有八祀。十有九祀，西伯伐崇，作豐邑，徙都之。二十祀，西伯昌薨，子發嗣。

丁卯，二十有一祀，周西伯發元年。二十有七祀，西伯發生，元子誦。三十有一祀，西伯東觀兵。三十有二祀，微子去之，箕子爲之奴，比干諫而死。

發，昌之子。黄帝之後，后稷之孫也。黄帝生玄囂，玄囂生蟜極，蟜極生高辛，高辛生稷，稷以下數世至不窋，不窋生鞠，鞠生公劉，公劉遷邠，生慶節。公劉爵世爲諸侯。○注：《路史》云：『公劉必至商而爵爲公也。』

都鎬。

號周，傳三十七世，歷八百七十四年。

商亡。

慶節生皇僕，皇僕生毁隃，毁隃生公非、辟方。○注：《史記》缺皇甫氏，以爲公非字非。公非生高圉、侯牟。○注：《史記》缺皇甫氏，以爲高圉字非。高圉生亞圉，亞圉受殷錫命雲都。○注：《史記》缺皇甫氏，以爲亞圉字非。《漢書·表》表以爲亞圉弟。亞圉生祖紺。

按：《吕梁碑》所載『后稷生台璽，台璽生叔均，叔均而下數世而至不窋。』又《世本》云：『自不窋而下至季歷，已十七世。』《史記》拘于十五王，文始平之語，遂謂后稷之子爲不窋，曾孫爲公劉。前既缺代，又自公非以後缺四世。

不書皇甫氏，不得其説，遂以四世爲字，而祖紺又自有四名。獨《索隱》覺其非而不明辯。《路史》又辯而不斷十五王之説。今按：契、稷皆高辛氏子，契自夏歷商凡四十五世，稷至文王千餘年，僅十五世乎？十五王之説，自公劉數至文王爾，蓋周道之興自公劉始也。

歐陽修曰：『遷所作《本紀》出於《大戴禮》《世本》諸書，今依其説，圖而考之。堯、舜、夏、商皆出皇帝，堯之崩也，下傳其四世孫舜。舜之崩也，上傳其四世祖禹，皆壽百歲。稷、契于高辛爲子，乃同父異母之兄弟，而以世次而下之。湯與王季同世，湯下傳十六世爲紂，王季下傳一世爲文王，二世爲武王，豈不謬哉？』

按《索隱·五世譜系圖》：『契十四世至湯，稷二十餘世至文王，蓋得其實矣。』按《毛公傳詩》『以鳦鳥降爲祠，高禖之時以履帝武敏歆，爲履高辛氏之行』之説甚正。而《春秋大事表》以《長發》《生民》諸詩但推稷、契之母而不推其父，遂謂稷、契爲無父而生者。夫天地之始，未嘗有人化生、異生之説。實事理之，所有者以姜嫄、有娀爲商、周發祥之始可也，以姜嫄、有娀爲無夫而生，稷、契則不可。即如《生民》之首章『克禋克祀，以弗無子』明言祈子也。

豈未適人之女子居然于祀高禖之期遍行郊野，祈求子嗣耶？觀詩之『寘諸隘巷』『寘諸平林』，既知不由人道而生爲不祥，豈不知未嘗適人而求子爲非禮乎？詩之所以推其母而不推其父者，是因稷、契之生實感天地之氣。後人即其事以紀其實，表聖人之生，實有異于人者。故止及其母，亦如思齊之詩，表文王之德而溯及太任之意與？

己卯，周武王。○注：爲西伯。征商代殷有天下。十有三年一月，癸巳，于征伐商，大會于孟津。二月癸亥，陳于商郊。甲子，會于牧野。紂反，登鹿臺自燔死。封紂子武庚爲殷侯。

魯	周公旦長子伯禽，始封于曲阜。傳三十四世，歷八百七十四年，至頃公爲楚烈王所滅。今曲阜縣。
衛	康叔，武王弟。始封于朝歌。傳四十一世，歷九百五年，至其君角爲秦二世廢爲庶人。今衛輝府。
蔡	叔度，武王弟。自度遷死，其子蔡仲能改父行，使之蔡。傳二十五世，歷六百五十年，爲楚所滅。今上蔡縣。
晉	唐叔虞，武王子，始封于唐。唐叔子燮徙于晉水旁，更號晉。傳十一世，至鄂侯爲曲沃武公所滅。至靖公三十八世，歷七百三十五年。
曹	叔振鐸，武王弟，始封于陶邱。傳二十六世，歷六百四十六年。爲宋所滅。今曹州府。
鄭	宣王庶弟友，始封于華陰鄭縣。平王東遷，徙封溱洧，謂之新鄭。傳二十三世，歷四百五十二年。至康公，韓哀侯滅之。今鄭州。
吳	先是，泰伯及仲雍逃荊蠻，泰伯胙吳。傳弟仲雍。雍卒，傳季簡。簡傳叔達，叔達傳周章。武王克商，封爲吳伯。周章傳熊遂。歷軻相。
燕	召公奭，周同姓。自召公以下九世至惠侯，于周厲王十五年立。又三十三世至王喜，歷九百一年。太子丹遣荊軻刺秦王不克。
陳	舜之後。閼父爲周武王陶正，能利器用，王賴之。以元女下嫁其子滿而封諸陳。使奉虞祀，謚胡公，生申公犀侯。傳二十五世，歷六百四十五年，
宋	子姓，公爵。武王封微子啟于睢陽，以奉湯祀，于周爲客而不臣。傳三十世，歷八百三十七年，爲齊、魏、楚滅之。今商邱縣。
齊	伯夷之後。太公尚相武王定殷，始封于營邱。傳三十世，歷六百四十七年，爲大夫田和所篡。今臨淄縣。
楚	祝融氏孫。季連之苗裔，曰鬻熊，事文王。其子熊麗，生熊狂，熊狂生熊繹。當周成王，舉文武、勤勞之後嗣，封熊繹于楚蠻，封以子男之田，姓芊氏
秦	先是，柏翳爲舜主畜，多息，賜姓嬴。柏翳有二子，次曰若木。其元孫費昌當夏桀之時，歸商爲湯御，長子曰大廉。其元孫孟昌爲中宗太戊御，

	三月，諸弟以次受封。封康叔于殷東。四月大告，武成訪箕子。伯夷、叔齊去周。十有四年，王有疾。十有九年，王崩，子誦踐位。周公位冢宰，正百工。
魯	
衛	
蔡	
晉	韓趙魏分其地。今平陽縣。
曹	
鄭	
吳	彊鳩夷、餘橋疑吾、柯盧、周繇、屈羽、夷吾、禽處、君轉、頗高、句卑、去齊、壽夢，凡十九世，而吳始大。周簡王十年，始通中國，與諸侯有鐘離之會。
燕	秦遂滅之。
陳	爲楚所滅。今陳州府。
宋	
齊	
楚	居丹陽，今湖北荊州府。傳一十八世，至聲公爲戰國。
秦	皆有令德，故嬴姓多顯。至紂有惡來革，飛廉子也。生女防，女防生旁皋，旁皋生大凡，大凡生大駱，大駱生非子，以造父之寵，皆蒙趙城爲氏。非子善養馬，周孝王使主馬于汧渭之間。馬大蕃息，孝王封爲附庸而邑之秦，今咸陽縣。

丙戌，成王，○注：在位三十七年。元年。周公相踐阼而治。夏六月葬武王于畢。王冠。命周公子伯禽，代就封于魯。

命周公子伯禽就封于魯，在位五十三年。

二年，周公居東。

三年，秋，王迎周公于東。

傳三十三世，至簡公爲戰國。

出郊。武庚叛，作《大誥》。東征殺武庚。

四年，周公作立政。王東伐淮夷，遂踐奄，遷奄君于蒲姑。

五年，五月至于宗周。誥四國多方。蒐于岐陽。

六年，制禮作樂。

七年，二月，王朝步自周。

魯					
衛					
蔡					
晉					
曹					
鄭					
吳					
燕					
陳					
宋					
齊					
楚					
秦					

至于豐，命太保先周公相宅。

八年，周公分正東都。命蔡仲邦之蔡。

九年，封弟叔虞于唐。

十有一年，周公在豐作《無逸》。周公薨于豐，葬于畢。

三十有七年，命君陳分正東郊。成周。

四月甲子，顧命。

命蔡仲邦之蔡。封弟叔虞于唐。

	乙丑，王崩。癸酉，元子釗受命朝諸侯於應門之內。	癸亥，康王。○注：在位二十六年。元年。	甲子，二年。王朝步自周，至于豐，命畢保釐東郊。	十有六年。	十有七年。
魯				魯公禽父薨，子酉嗣。是爲考公，在位四年。	魯考公初年。
衛		康伯○《索隱》曰：『康叔子即王孫牟父也。』			
蔡					
晉					
曹					
鄭					
吳					
燕					
陳					
宋		微子舍其孫腯而立其弟衍，是爲微仲。			
齊		丁公伋○太公。			
楚		繹子熊艾。			
秦		惡來子女防。			

二十年。

二十一年，魯侯築茅闕門。○注：即煬公。

二十有六年，王崩，子瑕踐位。

己丑，昭王。○注：在位五十一年。

元年。

二年，子滿生。

魯考公薨，弟熙立，是爲煬公，在位六年。

煬公初年。

煬公薨，子宰嗣。是爲幽公，在位十四年。

康伯卒，子考伯立。

蔡仲卒，蔡伯荒立○蔡仲子。

幽公初年。

太伯○名脾振，鐸子。

微仲卒，子宋公稽立。

乙公得○丁公子。

艾子熊黜。

女防子旁皋。

十有四年。

二十有二年，庚戌釋氏生。

甲子三十有六年，王崩于漢，子滿踐位。

庚辰，穆王。○注：在位五十五年。

三年，命君牙爲大司徒，伯冏爲太僕正。

十有三年，王西征。

魯	魯侯弟弑其君。幽公而自立，是爲魏公，在位五十年。				幽公初年。	
衛			考伯卒，子嗣伯立。			
蔡						
晉						
曹				仲君平○太伯子。		
鄭						
吴						
燕						
陳						
宋				宋公卒，子丁公甲立。		
齊				齊癸公慈母○乙公子。		
楚				黜子熊勝。		
秦				旁皋子大凡。		

十有七年，王西征，征徐戎。

三十有五年，征犬戎。

甲子四十有五年。

五十年，作吕刑。

五十有五年，王崩于祇宮，子繄扈踐位。

乙亥，共王。○注：在位十一年。

三年。

十有二年。

蔡伯卒，蔡宮侯立。○蔡伯子。

熊勝以弟煬爲後。

大凡子大駱，大駱子非子。

	王崩，子囏踐位。	丁亥，懿王。○注：在位二十五年。	元年，徙都槐里。自鎬徙也。	二十有五年，王崩，共王之弟辟方立。	壬子，孝王。○注：在位十五年。
魯					
衛	嗣伯卒，子疐伯立。			疐伯卒，子靖伯立。	
蔡					
晉					
曹					
鄭		宮伯侯。○仲君子。			
吳					
燕					
陳					
宋		丁公卒，子湣公共立。			湣公卒，弟煬公熙立。
齊	癸公慈母卒，子哀公不辰立。				
楚					煬生熊渠。
秦					封秦非子爲附庸，邑之秦。按：非子善畜馬，周孝王使主馬于汧渭之間。馬大蕃息，故封之使續。

甲子十有三年。

十有五年，王崩，諸侯復立懿王太子燮。

丁卯，夷王。○注：在位十八年。

元年。始下堂而見諸侯。

八年。

		靖伯卒，子貞伯立。			
			宫侯卒，厲侯　立○宫侯子。		
			孝伯雲○宫伯子。		
			湣公子鮒祀弑煬公而自立，是爲厲公。		
			哀公時，紀公譖之周。周公烹公而立其弟静，是爲胡公，徙都薄姑。		
					熊渠伐庸、陽、粤至于鄂。按：楚僭王之始。
嬴氏祀號曰秦嬴。					

	十有六年，王崩，子胡踐位。	癸未，厲王。〇注：在位三十七年。合共和十四年，共五十一年。	元年。	十有二年。
魯				
衛				貞伯薨，子嗣爲頃侯，在位十二年。〇按：《世家》作夷王之世。《史記》。
蔡				
晉				
曹				
鄭				
吴				
燕				
陳				
宋				
齊				
楚			熊渠畏王去其王號。熊渠生三子，長世康，早死，次摯紅，三延。熊渠卒，摯紅立其弟延，弑而代立。	
秦				

十有四年。

十有五年。

十有九年。

頃侯自有年。以《年表》考之，當係此年。○《古史》曰：康叔稱衛侯，蓋以侯爲方伯。故其六世皆稱伯，至頃侯，不復爲方伯。故但以爵稱。			
		厲侯薨，子嗣，爲武侯。	
	孝伯薨，子喜嗣，爲夷伯，在位三十年。		
		惠侯立。	
			公子山弑胡公

	二十年。	二十有一年。	二十有四年。	二十有八年。	三十年。
魯				魏公卒，厲公立。厲公卒，獻公立。	
衛				頃公薨，子嗣，爲僖侯，在位四十二年。	
蔡					
晉		厲侯薨，子宜白嗣，是爲靖侯。在位十八年。			
曹					
鄭					
吳					
燕					
陳				慎公薨，子寧嗣，爲幽公，在位二十三年。	
宋		厲公薨，子舉嗣。是爲釐公，在位二十八年。			
齊	而自立，是爲獻公，在位九年○山哀公同母弟。	徙治臨淄。			獻公薨，子壽嗣，爲武公，在位二十六年。
楚					
秦			秦嬴卒，子秦侯嗣，在位十八年。		

以榮夷公爲卿用事。諸侯不享。

三十有一年。

三十有三年，殺言者，國人莫敢言，道路以目。

三十有四年。

三十有六年，西戎反滅太邱大駱之族。

三十有七年，國人叛，襲王，王出。

	熊延卒，熊勇嗣，在位十年。				
	秦侯卒，子公伯嗣，在位三年。		秦公卒，壬仲嗣，在位二十三年。		

	居于彘，太子靖匿召公之家。召公以己子代之，太子得脱。	庚申，三十有八年，共和行政。〇注：召公、周公二相行政，號曰共和。共和在春秋前一百一十九年。	四十有一年。	甲子，四十有二年，王在彘。	四十有四年。
魯		獻公卒，真公立。			
衛					
蔡			武侯卒，子嗣爲夷侯，在位二十八年。		
晉		靖侯薨，子司徒立，爲僖侯，在位十八年。			
曹					夷伯薨，弟彊立。
鄭					
吳					
燕					
陳					幽公薨，子孝嗣。
宋					
齊					
楚			熊勇卒，弟熊嚴立，在位十年。		
秦					

四十有八年

五十有一年，王死于彘，周召二伯立太子靖。

甲戌，宣王。○注：在位四十六年。

元年，以秦仲爲大夫，討西戎。以尹吉甫爲將，討玁狁。

是爲幽伯，在位九年。				
				惠侯薨，子莊嗣，爲僖侯，在位三十六年。
爲僖侯，在位三十五年。				
	釐公薨，子覸嗣，爲惠公，在位三十年。			
		熊嚴卒，子熊霜嗣，在位六年。		
				秦仲爲大夫。

二年，以方叔爲將，征荊蠻。命召虎征淮夷。王伐淮徐。

三年。

五年。

六年，大旱。○注：《大紀》連年書旱。秦仲伐西戎，死之。王命其子莊伐戎，破之。

	二年	三年	五年	六年
魯	真公薨，弟敖立，爲武公，在位十年。			
衛				
蔡				
晉			僖侯薨，子籍嗣，爲獻侯，在位十一年。	
曹	公子蘇弑其君幽伯而自立，是爲戴伯，在位三十年。			
鄭				
吳				
燕				
陳				
宋				
齊		武公薨，子無忌嗣，爲厲公，在位九年。		
楚				熊霜卒，子熊徇嗣，在位二十二年。
秦				秦仲卒，子莊公嗣，在位四十四年。

十有二年。魯侯來朝，以其子括與戲見王。王以戲爲魯太子。王不籍千畝。

武公薨，子戲嗣，是爲懿公，在位九年。

胡公子弒厲公。齊人誅之，而立厲公之子赤，爲文公。誅弒君者七十人。○在位十二年。

十有五年。

釐侯薨，太子共伯蚤卒，少子和嗣，是爲武公，在位五十五年。

十有六年。

獻侯薨，子費生嗣，是爲繆侯，徙都于絳，在位二十七年。

	十有八年	二十有一年	二十有二年。王后姜氏諫王。封弟友于鄭。○注：鄭本兩周畿內采邑，其後東徙國，王、鄶、虢之間，爲鄭。又其遺民南保漢中者，爲南鄭。	二十有三年。
魯		懿公兄括之子伯御弑其君。懿公而自立。在位十一年。		
衛				
蔡	夷侯蔑，子所事嗣。是爲僖侯，在位四十八年。			
晉				繆侯伐條，生太子仇。
曹				
鄭			宣王母弟友初封于鄭，爲桓公，在位三十六年。	
吳				
燕				
陳				
宋				
齊				
楚				
秦				

二十有四年。	二十有六年。	二十有七年。	二十有八年。	三十有二年。春，王伐魯，誅伯御，立懿公之弟稱。	三十有三年。
				伯御被誅，懿公弟稱立，爲孝公，在位二十七年。	
		晉師戰于千畝。生于成師。			
				戴伯薨，子兕嗣，爲惠伯，在位三十六年。	
				僖公薨，子靈嗣，爲武公，在位十五年。	
		惠公薨，子嗣，爲哀公，在位一年。	哀公薨，子嗣，爲戴公，在位三十四年。		
文公薨，子説嗣，爲成公，在位九年。					成公薨，子贖嗣，为庄公在
			熊徇卒，子熊咢嗣，在位九年。		

		三十有七年。	三十有九年，伐羌戎，王師敗績于千畝。	四十年，料民于太原。○注：料簡民子多寡，將用之也。	四十有三年，殺杜伯。○注：殺無辜也。	四十有六年。
魯						
衛						
蔡						
晉					繆公薨，弟殤叔自立。太子仇出奔。在位四年。	
曹						
鄭						
吳						
燕		僖侯薨，子頃公立。在位二十四年。				
陳						
宋						
齊	位六十四年。					
楚		熊咢卒，子熊儀立。是爲若敖。在位二十七年。				
秦						

王崩，太子涅踐位。	庚申，幽王。○注：在位十一年。元年。	三年，始嬖褒姒。涇、渭、洛竭，岐山崩。○注：《史記》係二年	四年。	甲子，五年，廢申后及太子宜臼。以褒姒爲后，伯
	太子仇襲殺殤叔而自立，是爲文公。在位三十五年。			
	武公薨，子説嗣，爲夷公。在位三年。		夷公薨，弟燮立，爲平公。在位二十三年。	
			莊公卒，子襄公嗣。在位十二年。	

服爲太子。

八年，以鄭伯友爲司徒。

十有一年，中侯與犬戎入寇。戎弑王于驪山之下。鄭伯友死之。晉、衛、秦與鄭子掘突平戎。共立故太子宜臼。

辛未，平王。○注：在位五十一年。

魯				
衛				
蔡				
晉				
曹				
鄭		桓公爲司徒，桓公友與幽王死。犬戎子掘突立，爲武公，在位二十七年。		
吳				
燕				
陳				
宋				
齊				
楚				
秦				

宜臼，幽王子。以豐鎬逼近戎狄，東遷都洛，王室衰，政由方伯，在位五十一年。王東遷洛邑。始命秦列爲諸侯，取岐、豐之地。命衛侯和爲公，錫命晉侯。○注：《書》『文侯之命』。鄭伯東取鄶虢十邑，國之。

二年。

孝公薨，子弗湦嗣，是爲惠公，在位十年。

始列爲諸侯。初立西畤，祠白帝，僭端見矣。

	四年。	五年。	六年。	七年。
魯				
衛				
蔡				
晉				
曹				
鄭				
吳				
燕	頃公薨，子哀侯嗣，在位二年。		哀侯薨，子鄭侯嗣，在位三十六年。	
陳				
宋		戴公薨，子司空嗣，爲武公，在位十八年○按《詩序》云：『自微子至戴公，其間禮樂廢壞，有正考甫者得《商頌》十二篇，于周太師以《那》爲首篇。』		
齊				
楚				若敖卒，子熊坎
秦		襄公伐戎，至岐薨。子文公嗣，在位五十年。		

	九年。	十有一年。	十有三年。	十有四年。
			武公薨，子揚嗣，爲莊公。在位二十三年。	莊公娶于齊，曰莊姜。美而無子，戴媯生桓公，以
	僖侯薨，子興嗣，爲共侯，在位二年。	共侯薨，子戴侯嗣，在位十年。		
		惠伯薨，子石甫嗣。其弟武弒之，自立爲穆公，在位三年。		穆公薨，子終生嗣，爲桓公，在位五十五年。
				生莊公寤生。
嗣，是爲霄敖，在位六年。			霄敖卒，子熊眴立，是爲蚡冒，在位十七年。	
	東徙汧、渭之會。			

		十有五年。	十有六年。	十有七年。	十有八年。	二十有一年，秦伯大敗戎，師收岐西之地。自岐以東歸于王。	二十有三年。
魯							
衛	爲己子。公子州吁，嬖人之子也。						
蔡						戴侯薨，子考父嗣，爲宣侯，在位二十五年。	
晉							
曹							
鄭				生太叔投。			
吳							
燕							
陳			平公薨，子圉嗣，爲文公，在位十年。	生桓公鮑，厲公他。			
宋							武公薨，子力嗣，爲宣公，在位十
齊							
楚							
秦		作鄜畤。			初有史以紀事。	收岐西之地，自岐以東歸于王。	

	二十有五年。	二十有六年。	二十有七年。	二十有八年。	三十年。
					公子州吁阻兵。
	文侯薨，子伯嗣，為昭侯，在位七年。	昭侯初年，封其叔父成師于曲沃○按：曲沃，大于國。晉人亂，自曲沃始矣。			
			武公薨，子寤生嗣，為莊公。在位四十三年。	祭仲生鄭伯，封其弟段于京。	
		文公薨，子鮑嗣，為桓公，在位三十八年。	桓公初年。		
九年。					
					蚡冒卒。弟熊通

		三十有二年。	三十有六年。	三十有八年。	四十年。
魯					
衛			桓公薨，子完立，是爲桓公，在位十六年。	桓公二年，弟州吁驕奢。桓絀之。州吁出奔。	
蔡					
晉		大臣潘父弒昭侯，納成師，不克，昭侯子平立，爲孝侯，在位十五年。			曲沃。成師卒。子。
曹					
鄭					
吳					
燕					
陳					
宋					
齊					莊公薨，子祿甫。
楚	冒弒蚡子而自立，爲武王，在位五十一年。				
秦					

	四十有二年。	四十有四年。	四十有七年。	四十有八年。
				初，請郊廟之禮○惠公薨，國人立其子息姑，是
鱓代爲曲沃莊伯。			曲沃鱓弒孝侯。晉人立孝侯子郄爲鄂侯，在位六年。	鄂侯郄初年，曲沃强于晉。
		叔段命西鄙、北鄙貳于己。		
	鄭侯薨，子穆侯嗣，在位十八年。			
	宣公薨，舍其子與夷而立弟和，爲穆公，在位九年。			
嗣爲僖公，在位三十三	僖公同母弟夷仲生公孫無知也。			

己未，四十有九年。秋七月，天王使宰咺錫魯惠公仲子之賵。

按：《書》『終文王之命，平王之初也。』春秋始于仲子之贈，平王之末也。盛衰升降之會也。

庚申，五十年。

辛酉，五十有一年，王崩，孫林踐位。

魯	爲隱公，在位十一年。	隱公初年，春秋始也。		
衛				
蔡				
晉				
曹				
鄭		鄭伯克段于鄢，置母于城潁。明年，見母于大隧。		
吴				
燕				
陳				
宋				穆公薨，立宣公
齊				齊侯鄭伯盟于
楚				
秦				

鄭祭足帥師入寇。武氏求賻于魯。○注：賵，歸死者。賻，歸生者。車馬曰賵，貨財曰賻。

王者之世，朝覲、聘問自有常期。體統相承、尊卑不紊，大一統之世也。東遷而後，王綱不振，諸侯放恣，於是列邦不修朝覲之禮，而天下且下聘矣、歸賻矣、錫命矣，終春秋之世，

祭足帥師寇周取禾。

之子與夷，是爲殤公，在位九年。○按：此穆公屬之也，而禍已胎矣。

石門。天下之無王，鄭爲之也。天下之無伯，齊爲之也。齊、鄭舍盟而天下始多故矣。

魯之朝王者二，如京師者一，而如齊至十有一，如晉至二十。甚者旅見而朝于楚焉。天王來聘者七，而魯大夫之聘周者，惟四。其聘齊至十有八，聘晉至二十四。而其受列國之朝則從未嘗報聘焉。觀魯以知天下而王室之微，諸侯之不臣，概可見矣。

魯	
衛	
蔡	
晉	
曹	
鄭	
吴	
燕	
陳	
宋	
齊	
楚	
秦	

壬戌，桓王。○注：在位二十三年。元年。

癸亥，二年，晉曲沃以鄭邢之師伐翼。王使尹氏、武氏助伐翼，翼侯奔隨。曲沃叛，王命虢公伐曲沃。立鄂侯子光于翼。

壬戌	癸亥
	隱公觀魚于棠。初，獻六羽。○明前此用八之僭也。
州吁弑桓公自立。衛人殺州吁，立公子晉，是爲宣公，在位十九年。	
	曲沃攻鄂侯于翼，鄂侯奔隨，立鄂侯子光于翼，爲哀侯，在位九年。
殤公與夷初年。	

甲子，三年，京師饑。鄭伯入朝。

乙丑，四年，王使凡伯聘于魯，戎伐凡伯于楚邱以歸。○注：書『楚邱』，罪衛不救王臣之患也。書以歸，罪凡伯不能死於位也。

丙寅，五年，王使虢公忌父爲卿士。○注：鄭伯爭政之由，桓公伐鄭之故。

丁卯，六年，王使南季聘于魯。

魯				
衛				
蔡			宣侯卒，子封八嗣，是爲桓侯，在位二十年。	
晉	翼侯自隨入于鄂。	曲沃。莊伯卒，子稱嗣，爲武公。		
曹				
鄭	鄭伯入朝，王不禮。			
吳				
燕				
陳				
宋				
齊				
楚				
秦		文公卒，孫嗣，爲寧公，竫公子也，在位十二年。	寧公初年。	自汧、渭徙平陽。

隱公即位九年，史策不書。一朝聘，王反聘之，其斯以爲不正乎？

戊辰，七年。

己巳，八年，王取鄔、劉、蔿、邘之田于鄭，與鄭人温、原、絺、樊、隰郕、攢茅、向、盟、陘、懷之田。

庚午，九年。

辛未，十年。

	魯侯敗宋師于菅，取郜、取防。	公子翬弒隱公而自立，是爲桓公，在位十八年。	桓公初年。	
			穆侯卒，子宣侯嗣，在位十三年。	
				宋督弒其君，殤公立子馮。○馮，宣公子也，在位十九年。

	壬申，十有一年。	癸酉，十有二年。王使宰渠伯糾聘于魯。	甲戌，十有三年，王使仍叔之子聘于魯。○注：桓公即位九年，未聞有一夫至京師者，而周又聘之。禮樂不出于天子，政令不行于天下，王室自取爾。王伐鄭、蔡、衛、陳，從。
魯	公子翬迎女于齊，齊侯送姜氏于讙，君子譏之。		
衛			
蔡			
晉	曲沃。虜哀侯，立其子小子爲侯，是爲小子侯，在位四年。	曲沃。稱弑哀侯于曲沃。	
曹			
鄭			王伐鄭，鄭伯禦。
吳			
燕			
陳			桓公卒，文公子他，殺世子免而自立。
宋			
齊			
楚			
秦			

王伐鄭。

乙亥，十有四年，楚侵隨，俾請爵于王，王不許。

丙子，十有五年。

丁丑，十有六年，王使家父聘于魯，王命虢仲伐曲沃，立哀侯之弟緡于晉。

			沃稱誘，曲弑其君小子侯○王命虢仲伐曲沃，立哀侯之弟緡于晉。
之。戰于繻葛，傷王。			
	蔡人殺陳他而立免之弟躍，是爲厲公，在位七年。○按：躍，蔡出也，故立之。	生敬仲完。	
	楚子熊通侵隨，俾請爵于王，王不許。		僭稱王。
			寧公卒，三父廢世子而立出子，在位六年。

國	戊寅，十有七年，祭公如魯，遂逆王后于紀。紀季姜歸于京師。	己卯，十有八年，虢詹父以王師伐虢，虢公出奔虞。○注：詹父，虢大夫而命于天子者。	庚辰，十有九年。	辛巳，二十年。
魯				
衛			宣公殺其二子伋壽。	宣公卒，子朔立。
蔡				
晉	晉侯緡，初年。			
曹		桓公卒，子射姑嗣，是爲莊公，在位三十一年。		
鄭			莊公卒，世子忽嗣，是爲昭公，在位二年。○祭仲立之也。○宋人執祭仲，突歸于鄭。鄭忽出奔衛。	厲公突初年。
吳				
燕				
陳				厲公卒，弟林立。
宋				
齊				僖公令，無知秩
楚				
秦				

壬午，二十有一年。

癸未，二十有二年。

甲申，二十有三年。王使家父如魯求車。王崩，子陀踐位。

乙酉，莊王，元年。子頹生。

	壬午	癸未	甲申	乙酉
			天王求車，非禮。	
是為惠公，在位三十一年。	惠公朔，初年。			衛人怨。惠公立伋之弟黔牟，衛侯朔出奔齊。
			厲公突出奔蔡，昭公忽復歸鄭。厲公出居櫟。	宋、魯、衛、陳、蔡伐鄭。伐其納突也。
		宣侯卒，子桓侯嗣，在位七年。		
是為莊公，在位七年。				
服如太子。		僖公卒，子諸兒嗣，是為襄公，在位十二年。	襄公初年，貶無知、秩服。無知怨。	
		三父殺出子，復立故世子，為武公，在位二十年。		

丙戌，二年。

丁亥，三年，王子克奔燕。○注：周公黑肩欲弒莊王而立子克。辛伯告王，遂與王殺周公，子克奔燕。

戊子，四年，使單伯送王姬。魯築王姬之館于外。王使榮叔錫魯桓公，命王姬歸于齊。

	丙戌	丁亥	戊子
魯		魯侯與夫人姜氏如齊，齊侯殺桓公，立其子同，爲莊公，在位三十二年。	莊公初年。
衛			
蔡	桓侯卒，獻舞立，是爲哀侯，在位十一年。○蔡季自陳歸于蔡。		
晉			
曹			
鄭	高渠彌弒其君昭公，立其弟子亹，在位一年。	齊侯殺子亹及高渠彌。祭仲立子亹之弟子儀，在位十四年。	
吳			
燕			
陳			莊公卒，弟杵臼立，是爲宣公，在位四十五年。
宋			
齊			遷紀、郱、鄑、郚。○郱、鄑、郚，紀三邑也。
楚			
秦	夷三父族。○以其殺出子也。		

己丑，五年。

庚寅，六年，五月葬桓公。○注：改葬也。

辛卯，七年，王召隨侯，責其尊楚。紀侯大去其國。○注：避齊難也。

壬辰，八年。

公及齊人狩于禚。○刺莊公之忘讎也。

與齊伐衛，納惠公。

齊伐衛，納惠公。朔入衛，黔牟卒周。

桓侯卒，子嗣爲莊公，在位三十三年。

莊公卒，子捷嗣，是爲閔公，在位十年。○《史記》作滑。

王姬卒。

楚武伐隨，卒于師。其子熊貲嗣，爲文王，在位十五年。始都郢。

癸巳，九年，王使子突救衛，衛侯朔入于衛，黔牟來奔。

甲午，十年，秦滅小虢。○注：西虢也。

乙未，十有一年。

丙申，十有二年。

	癸巳	甲午	乙未	丙申
魯				
衛				
蔡				
晉				
曹				
鄭				
吳				
燕				
陳				
宋				
齊			無知弑襄公，自立。小白奔莒，子糾奔魯。	齊人殺無知，魯伐齊，納糾，小白先入，是爲桓公，在位四十三年。○葬襄公。
楚				
秦		滅小虢。		

丁酉，十有三年。

息夫人過蔡，蔡弗賓。息求援于楚，楚敗蔡于華，獲蔡侯以歸。

齊人取子糾于魯，殺之，取其傅管夷吾以歸，爲相。○陳氏曰：『春秋之初，罪莫大于鄭莊，宋、魯、齊、衛，次之。而父子、兄弟之禍，亦莫甚于此。五國者，莊公卒，高渠彌殺世子忽，齊人殺子亹，傅瑕殺子儀，國亂者二十年。魯隱公弑。宋殤、閔相繼弑。

戊戌，十有四年，王姬歸于齊。

己亥，十有五年，王崩，太子胡齊踐位。

魯			
衛			
蔡			
晉			
曹			
鄭			
吳			
燕			
陳			
宋			宋萬弒閔公，立公子御說，是爲桓公，在位三十二年。
齊	衛桓公弒宣公，殺伋、壽，而立朔，國人出朔，而立黔牟。齊襄公弒。雍廩，殺公孫無知。小白殺子糾，是可爲不臣者之戒矣。』		
楚			
秦			

庚子，僖王。○注：在位五年。

元年。齊侯、宋人、陳人、蔡人、邾人會于北杏。春秋之世，以諸侯而王天下，會盟之故，自北杏始○隱、桓之世，諸侯互結黨以相軋。齊桓爲北杏之會而天下之諸侯始統于一，歷一百五十六年。晉伯衰，鄟陵始復爲參盟。

齊侯會諸侯于北杏。

蔡侯爲莘故，繩息嬀以語楚子。楚子滅息，以息嬀歸，生杜敖及成王。楚子以蔡侯滅息，遂伐蔡，虜哀侯。

而諸侯之權，復散七國之分擾。秦雄之并吞，實兆于此。夫子作《春秋》以尊王，而其于《魯論》則深。子管仲之伯，蓋悲王道之不行。而以爲惟伯猶足以維之也。至伯絶，而『春秋』不得不夷而爲『戰國』矣。

辛丑，二年，齊侯使來請師。

魯	
衛	
蔡	
晉	
曹	
鄭	鄭人弒其君子儀。
吳	
燕	
陳	
宋	
齊	齊侯請王師伐宋。
楚	
秦	

王命單伯會伐宋，宋背北杏之盟，諸侯伐宋。但齊必請師于周而後專伐爾。時王室猶威重也。

壬寅，三年。

癸卯，四年，王使虢公命曲沃伯，以一軍爲晉侯。

曲沃伯稱滅晉、弑其君。緡盡以寶獻王。王命武公爲晉君，列于諸侯，在位三十九年。

曲沃更號曰晉武公，始都晉國。○按：桓叔初封曲沃，

厲公自櫟入鄭。

齊始伯，會諸侯于鄄。

武公卒，弟德公立，在位二年。

甲辰，五年，王崩，太子閬踐位。

乙巳，惠王。○注：在位二十五年。元年，虢公、晉侯來朝。虢公、晉侯、鄭伯使原伯逆王后于陳。

丙午，二年。

魯				
衛				
蔡				哀侯卒于楚。子
晉	至武公滅晉，凡六十七歲而卒，代晉爲諸侯。	武公卒，子詭諸嗣，是爲獻公，在位二十六年。	獻公初年。	
曹				
鄭				
吳				
燕				
陳				
宋				
齊				
楚		楚文卒，子囏嗣，是爲堵敖，在位三年。	堵敖初年。	
秦		德公初年。○徙居雍祠、鄜畤。初作伏嗣①。磔狗邑四門。	德公卒，宣公立，在位十二年。	

①嗣，应作祠。

王子頹作亂，伐王不克，頹出奔溫。蘇子奉子頹奔衛，衛人、燕人入寇立子頹。

丁未，三年，鄭伯執燕仲父，王處于櫟。〇注：爲伐周故也。仲父，南燕伯也。

戊申，四年，虢公、鄭伯、奉王復歸于王城，殺子頹。王與鄭伯虎牢以東。王巡虢守①，冬歸自虢。

肸 嗣爲穆侯，在位二十九年。

厲 公卒，子捷嗣，爲文公，在位四十五年。

①王巡視虢公所守之土地。

	己酉，五年。	庚申，六年，祭叔聘于魯，王賜楚子胙。	辛亥，七年。	壬子，八年。
魯			魯侯逆姜氏于齊以入，使宗婦覿用幣。	
衛				惠公卒，子赤嗣，是爲懿公，在位三年。
蔡				
晉	伐驪戎，獲姬以歸。			晉侯殺群公子。○桓、莊之支無子遺矣。
曹		莊公卒，子羈嗣，是爲僖公，在位九年。	戎侵曹，曹羈出奔陳，赤歸于曹。	
鄭				
吳				
燕				
陳	來人殺其公子御寇，公子完奔齊○田常始此也。			
宋				
齊				
楚	熊惲弒堵敖而自立，是爲成王，在位四十六年。	使人入獻，王賜胙。		
秦	作密畤。			

癸丑，五年。

甲寅，十年，晉伐虢。王使召伯廖賜齊侯命。

○注：以其立子頹也。

乙卯，十有一年。

丙辰，十有二年。

丁巳，十有三年，樊皮叛王，王命虢公討樊皮，執樊仲皮歸于京師。

癸丑	甲寅	乙卯	丙辰	丁巳
始都绛。	伐虢。	晉侯，驪姬子奚齊生，使太子申生居曲沃，重耳居蒲，夷吾居屈。		
		郳子瑣卒，子蘧蒢立，是爲文公，在位二十三年。		
				宣公卒，弟成公立，在位四年。

	戊午，十有四年。	己未，十有五年。
魯		魯人殺公子牙而立叔孫氏。莊公卒，子般嗣，慶父弑之，如齊，季友奔陳。啟立，是爲閔公，在位二年○按：魯桓弑隱公以立，卒爲文姜謀殺于齊，其子莊公又婚于齊。哀姜卒與叔牙、慶父亂，殺子般，弑閔公。叔牙、慶父皆不良
衛		
蔡		
晉		
曹		
鄭		僖公卒，子班嗣，是爲昭公，在位九年。
吳		
燕		
陳		
宋		
齊		
楚		
秦		

庚申，十有六年。

死。禍猶未已，而叔孫、孟孫、季孫三家自是立。其後，魯自是分。而桓公子孫卒不自相容也。不弟、不忠、不孝之報，其禍如此。閔公，哀姜之娣，叔姜之子也。

季友歸魯。

晉侯作二軍，滅耿、霍、魏。爲太子申生城曲沃。封趙夙于耿，畢萬于魏。

	辛酉，十有七年。	壬戌，十有八年。	癸亥，十有九年。	甲子，二十年。
魯	慶父弒其君閔公，季友立公子申，爲僖公，殺慶父。立仲孫氏○申，閔庶兄也。	僖公初年，賜季友汶陽之田及費，是爲季孫氏。		
衛	狄伐衛，懿公好鶴，士不戰，滅國。國怨惠公，滅其後，復立太子伋之母弟、昭伯之子申爲戴公，廬于曹，卒。齊人立其弟燬，爲文公，在位二十五年。		諸侯城楚邱以封衛。	
蔡				
晉			荀息假道于虞以伐虢，滅下陽。	
曹				
鄭				
吳				
燕			莊公卒，子襄公嗣，在位四十年。	
陳				
宋				
齊		救邢，次于聶北。救鄭，會于檉。		
楚				
秦	成公卒，弟任好立，是爲穆公，在位三十九年。			

乙丑，二十有一年。	丙寅，二十有二年。王世子會齊侯、宋公、魯侯、陳侯、衛侯、鄭伯、許男、曹伯于首止，諸侯盟于首止，鄭伯逃歸，不盟。○注：惠王以惠后故，將廢太子鄭，而立王子帶。故齊桓帥諸侯會王太子，以定其位。	丁卯，二十有三年。	戊辰，二十有四年。
	晉侯殺其世子申生，伐蒲，公子重耳奔狄。復伐虢，遂滅虞，執虞公。	伐屈，公子夷吾奔梁。	
			昭公卒，子襄嗣。
齊侯以諸侯之師侵蔡，蔡潰，遂伐楚。屈完來盟于師，盟于召陵。			
	虞大夫百里奚奔秦，秦始得志于諸侯。		

己巳，二十有五年，王崩，王人、齊侯、宋公、魯侯、衛侯、許男、曹伯、陳世子欵盟于洮，鄭伯乞盟。太子鄭踐位。○注：襄王惡太叔之難，懼不立，不發喪而告難于齊，盟于洮，謀王室也。

庚午，襄王。○注：在位三十三年。元年，王使宰周公賜齊侯胙，宰周公會諸侯于葵邱。

魯			
衛			
蔡			
晉			獻公卒，立奚齊，里克殺之；立其弟卓，里克又殺。
曹	是爲共公，在位三十五年。		
鄭			
吴			
燕			
陳			
宋			桓公卒，子茲父嗣，是爲襄公，在位十四年。
齊			夏，會諸侯于葵邱，天子使宰孔賜胙，命無拜。
楚			
秦			

辛未，二年，周公忌父、王子黨會秦師及齊隰朋，立晉公子夷吾爲晉侯。	壬申，三年，王使召武公、内史過錫晉侯命。王子帶以戎入寇，秦晉伐戎，戎去。	癸酉，四年，王以戎難故，討王子帶，奔齊。齊侯使管夷吾入聘。
魯侯如齊。魯侯朝齊之始。		
夏，周公忌父、王子黨會秦師及齊隰朋，立夷吾爲晉侯，是爲惠公，在位十四年。	誅里克，倍秦約。晉侯平戎。	
	鄭公妾夢天與之蘭，生穆公名蘭。	
		宣公卒，子欵嗣，是爲穆公，在位十六年。
魯侯來齊。		

紀年	魯	衛	蔡	晉	曹	鄭	吳	燕	陳	宋	齊	楚	秦
甲戌，五年，齊侯使仲孫湫來致諸侯之戍。○注：爲戎難，故諸侯戍周，齊仲孫湫致之。				饑，請粟于秦，秦與之。									
乙亥，六年。			穆侯卒，子申午嗣，是爲莊侯，在位三十四年。								大夫管仲卒○隰朋亦于是年卒。		饑，請粟于晉，晉倍之。
丙子，七年，王命伯釋晉侯。				晉侯夷吾自秦歸于晉，以太子圉質于秦。									虜晉惠公，王命釋之。惠公歸，以太子圉質于秦。
丁丑，八年，隕石于宋五，六鷁										隕石于宋五，六			

退飛過宋都。王以戎寇告齊，齊侯徵諸侯之師入戍。

戊寅，九年。

己卯，十年。

庚辰，十有一年。

辛巳，十有二年。

壬午，十有三年。

		邢人、狄人伐衛。	衛人伐邢。		狄侵衛。
鷁退飛，過宋都。					
	桓公卒，五子争立，易牙立無虧，世子昭出。	宋襄公伐齊，齊人殺無虧。宋立孝公昭而還，在位十年。			

癸未，十有四年，秦晉遷陸渾之戎于伊川。○注：伊川，王畿之地也。秦晉遷戎，偪周甚矣。王召叔帶于齊。

甲申，十有五年，王以狄女隗氏爲后。

乙酉，十有六年，王錫晉侯命。王叔帶與隗氏通，王廢后，叔帶以狄攻王。王出居鄭，處于氾。帶以隗氏居于溫，狄人奉叔帶

魯			
衛		重耳從齊過，無禮。	
蔡			
晉	太子圉自秦逃歸。	惠公卒，子圉嗣，是爲懷公。	公子重耳入立，晉人殺懷公。魏武爲魏大夫，趙襄爲原大夫。咎犯曰：『求霸莫如内王。』
曹		重耳過，無禮。僖負羈①私善。	
鄭		重耳過，無禮，叔詹諫。	
吴			
燕			
陳			
宋		襄公卒，子正臣嗣，是爲成公。在位十七年。	
齊			
楚		重耳過，厚禮之。	
秦		迎重耳于楚，厚禮之，妻之以女。重耳願歸。	

①僖負羈，曹國大夫。

爲王居温，王使告難于諸侯。晉侯帥諸侯圍温，殺叔帶，納王歸國。

丙戌，十有七年，晉侯入朝，王賜陽樊、温原、攢、茅之田。

丁亥，十有八年。

戊子，十有九年。

己丑，二十年，晉侯作王宮于踐土，獻楚俘于王。王命尹氏、王子虎、叔興父策命晉侯爲侯伯。

	丙戌	丁亥	戊子	己丑
				公如踐土，會朝王。
	文公卒，子鄭嗣，是爲成公，在位三十五年。			聞楚敗，成公出奔。楚使元咺、奉弟叔武居守。衛侯歸，殺叔武。元咺奔訴于晉，
				會晉伐楚，朝王。
	晉侯圍温，取叔帶，殺之。逆王入王城，晉侯入朝。			會晉伐楚，朝王。晉侯侵曹，伐衛，執曹伯，取五鹿，諸侯敗。楚于城濮而朝河陽，周
				晉伐曹，執公，復歸之。
				會晉伐楚，朝王。
				會晉伐楚，朝王。穆公卒，子朔嗣，是爲共公，在位十八年。
				會晉伐楚，朝王。
			孝公卒，弟潘父殺世子而自立。	會晉伐楚，朝王。
				晉敗子玉于城濮。
				會晉伐楚，朝王。

晉侯以諸侯之師會于温，天王狩于河陽，諸侯朝于王所。

庚寅，二十有一年，王子虎、魯侯、晉人、宋人、齊人、陳人、蔡人、秦人盟于翟泉。○注：尋踐土之盟，且謀伐鄭也。禮卿不會諸侯，今以

魯		
衛	晉復執衛公，與元咺訴，不勝。元咺反衛，立公子瑕，已而衛侯賂周得釋。衛殺元咺及公子瑕，衛侯歸鄭。	
蔡		
晉	命賜公土地。	
曹		
鄭		
吴		
燕		
陳		
宋		
齊		
楚		
秦		

○注：大夫盟，王子文公之志荒矣。大夫之交政，于是始。文公爲之也。

按：杜氏翟泉在洛陽城内，洛陽去今河南王城二十五里耳。諸大夫于此不入聘王室，而魯侯于此會盟，不朝天子，是誠何爲者。

辛卯，二十有二年，

王使宰周公聘于魯，魯公子遂入聘，遂如晉。

○注：宰周公來則已重矣，公子入聘。遂如晉，是夷周于晉也。

	魯	衛	蔡	晉	曹	鄭	吳	燕	陳	宋	齊	楚	秦
壬辰，二十有三年。		狄圍衛，衛遷于帝邱。		晉侯作五軍〇初，王命曲沃伯以一軍爲晉侯，獻公作二軍，文公作三軍，至是作五軍。									
癸巳，二十有四年。				文公卒，子驩嗣，是爲襄公，在位七年。		文公卒，子蘭嗣，是爲穆公，在位二十二年。							將襲鄭，蹇叔曰不可。
甲午，二十有五年。	僖公卒，子興嗣，是爲文公，在位十八年。												襲鄭，晉敗我于殽。
乙未，二十有六年。													

王使叔服如魯，會葬，使毛伯錫魯侯命。晉侯來朝于温，遂伐衛。魯侯使叔孫得臣來拜。文公初年。

丙申，二十有七年。

丁酉，二十有八年，王叔文公卒。○注：子虎也。

戊戌，二十有九年，王賜秦伯金鼓。

己亥，三十年，王使榮叔歸魯成風之含，且賵，使召伯會葬。

衛侯使甯武子聘于魯。

趙衰、欒枝、先且居、胥臣，皆卒。

成王初立，商臣爲太子，既而欲立次子職。黜商臣，商臣聞之，圍而弑之。自立爲穆王。○弑父之始。

滅六、滅蓼。

	庚子，三十有一年。	辛丑，三十有二年。	壬寅，三十有三年，王崩，子壬臣踐位，魯使公孫敖入弔，不至，奔莒。
魯	取須句，絶太皞。		使公孫敖入弔，不至，奔莒。
衛			
蔡			
晉	舍二軍。襄公卒。趙盾爲太子少，欲更立君。偪于穆嬴。遂立太子夷皋，是爲靈公，在位十四年。		趙盾專政。
曹			
鄭			
吳			
燕			
陳			
宋		成公卒，子杵臼嗣，是爲昭公，在位九年。	
齊			
楚			
秦	穆公卒，子罃嗣，爲哀公，在位十二年。穆公卒，殉葬以人，從死者百七十，君子譏之。		

癸卯，頃王。○注：在位六年。元年，二月葬襄王，王使毛伯如魯求金，魯使叔孫得臣來會葬。

甲辰，二年。

乙巳，三年。

丙午，四年。

丁未，五年。

戊申，六年。○注：王崩，子班踐位。周公閱與王孫蘇爭政，故不赴。

癸卯	甲辰	乙巳	丙午	丁未	戊申
魯 侯使叔孫得臣來會葬。					
共 公卒，子壽嗣，是爲文公，在位二十三年。				郲附。文公卒，子貜且嗣，是爲定公。	
襄 公卒，桓公立，在位十六年。					
				共 公卒，子平國嗣，是爲靈公，在位十五年。	
					昭公卒，子舍嗣，公子商人弒其
				商 臣卒，子旅嗣，是爲莊王，在位二十三年。	

	尹氏聃①啟如晉。〇注：周公方與王孫蘇訟于晉，王叛王孫蘇，而使尹氏與聃啟訟周公于晉。趙宣子平王室而復之。	己酉，匡王。〇注：在位六年。元年。	庚戌，二年。	辛亥，三年。
魯		季孫行父如晉，宋司馬華孫如魯盟。曹伯朝魯。		
衛				
蔡		莊侯卒，子申嗣，是爲文侯，在位二十年。		
晉				
曹				
鄭				
吳				
燕				
陳				
宋			宋襄夫人使衛伯殺昭公而立其弟鮑，是爲文公，在位二十二年。	
齊	君舍而自立，是爲懿公，在位四年。	懿公不得民心。		
楚				
秦				

①與『聃』同。

壬子，四年。	癸丑，五年。	甲寅，六年，十月，王崩，弟瑜立。	乙卯，定王。〇注：在位二十一年。元年，正月葬匡王。
文公卒，子赤嗣。襄仲弑其君之子赤及視而立庶子倭，是爲宣公，在位十八年。			
		趙盾弑其君靈公，迎襄公弟黑臀于周，立之，是爲成公，在位七年。	
			穆公卒，子夷嗣，是爲靈公，在位
懿公以爭田，刖邴歜父，又奪閻職之妻。二人謀殺公①，而立桓公之子元，是爲惠公，在位十年。			
			楚子伐陸渾至洛，問鼎輕重。
康公卒，子稻嗣，是爲共公，在位四年。			

①邴歜，齊國大夫，閻職亦爲齊國大夫。齊懿公爲太子時，與邴歜之父爭田，不勝。他即位後，掘開邴歜父親的墳墓，砍斷尸體及雙足，又命邴歜爲自己駕車。此外，又奪閻職之妻，命閻職爲自己陪乘。公元前609年，邴歜、閻職趁齊懿公到申池游玩時殺死了他，并將他的尸首扔進了竹林。

楚子伐陸渾之戎，王使王孫滿勞楚子。

丙辰，二年。

丁巳，三年。

戊午，四年，王使子服求后于齊，召公逆王后于齊。

己未，五年。河徙。

魯			魯侯朝齊，齊侯爲高固求婚。		
衛					
蔡					
晉					
曹					
鄭	一年。	公子歸生以黿故，弑其君，靈公弟堅立，是爲襄公，在位十八年。			
吳					
燕					桓公卒，宣公立。
陳					
宋					
齊					
楚					
秦		共公卒，子嗣，爲桓公，在位二十八年。			

○注：禹之行河水，本隨西山下東北去。周定王五年，河徙，則今所行，非禹穿也。

七月朔，日有食之，既。

庚申，六年，王使單子聘于宋，遂自陳聘于楚。

辛酉，七年，王使徵聘于魯，魯侯朝于齊，使仲孫蔑入聘。

壬戌，八年，王使王季子聘于魯。

在位十五年。

滅舒蓼，盟吳越。

成公卒，子遨嗣，是爲穆公，在位十一年。

成公與諸侯會于扈，卒，子據嗣，是爲景公，在位十九年。

夏徵舒以其母辱，殺陳靈公。

惠公卒，子無野嗣，是爲頃公，在位十七年。

	魯	衛	蔡	晉	曹	鄭	吳	燕	陳	宋	齊	楚	秦
癸亥，九年。									楚子殺夏徵舒，迎靈公子午于晉而立之，是爲成公，在位三十年。			誅陳夏徵舒，立陳成公。	
甲子，十年。				屠岸賈殺趙朔于下宮。									
乙丑，十有一年。					文公卒，子廬嗣，是爲宣公，在位十七年。								
丙寅，十有二年。					宣公初年。								
丁卯，十有三年，王札子殺召伯、毛伯。	初稅畝。												

○注：王孫蘇與召、毛爭政，平殺之，立召襄。

戊辰，十有四年，成周宣榭火。晉滅赤狄甲氏，來獻俘，王以黼冕命晉士會。王孫蘇奔晉，晉侯使士會入聘。

己巳，十有五年。

庚午，十有六年。

	戊辰	己巳	庚午
			宣公卒，子黑肱嗣，是爲成公，在位十八年。
		文公卒，子固嗣，是爲景侯，在位四十九年。	景侯初年。
	郤克使齊，婦人笑之，克怒歸。	伐齊，質子彊，兵罷。	
			莊王卒，子審嗣，是爲共王，在位三十一年。

	辛未，十有七年，晉侯使瑕嘉來平戎，王使單子如晉，王季子伐茅戎，敗績。	壬申，十有八年。	癸酉，十有九年。	甲戌，二十年。	乙亥，二十有一年，梁山崩。
魯	成公初年，作邱甲。				
衛		穆公卒，子臧嗣，是爲定公，在位十二年。			
蔡					
晉			作六軍。○僭王也。		
曹					
鄭				襄公卒，子費嗣，是爲悼公，在位二年。	悼公初年。
吳					吳子去齊卒，子乘嗣，是爲壽夢。
燕				宣公卒，昭公立，在位十三年。	昭公初年。
陳					
宋		文公卒，子固嗣，是爲共公，在位十三年。			
齊					
楚	共王初年。				
秦					

王崩，子夷踐位。	丙子，簡王。○注：在位十四年。元年。	丁丑，二年。	戊寅，三年，王使召伯錫魯侯命。
	遷子新田○亦名曰绛，以先都绛爲故绛。		殺其大夫趙同、趙括。○趙莊姬譖之也。
	悼公卒，弟睔立，是爲成公，在位十四年。		
○自太伯至此，凡十九世，吳始大稱王。	壽夢朝王。	伐鄭，入州來○今淮蔡之地。伐鄭入州來，皆諸夏之憂也。	

	己卯，四年。	庚辰，五年。	辛巳，六年，命王季子、單子取鄇田于晉。	壬午，七年。
魯				
衛				
蔡				
晉		公有疾，立世子州蒲爲君，是爲厲公，在位八年。○景公卒，厲公立。程嬰攻屠岸賈，滅其族，復趙武，程嬰請死。		
曹				
鄭				
吳				
燕				
陳				
宋				
齊	頃公卒，子環嗣，是爲靈公，王位二十八年。	靈公初年。		
楚				
秦				

癸未，八年，魯侯及諸侯來朝，遂從王季子、成子會晉侯伐秦。曹宣公卒于師，公子負芻殺世子而自立，成肅公卒于瑕。

甲申，九年。

乙酉，十年。

魯侯朝周，會晉伐秦。		始與吳通會鍾離。
	定公卒，子衎嗣，是爲獻公。	
		會諸侯于戚，執曹伯歸于京師。
宣公會晉伐秦，卒于師。公子負芻殺世子而自立，是爲成公，在位二十三年。		曹伯弒君自立，諸侯請討之。晉侯執之，歸于京師，諸侯立子臧。子臧辭，奔宋。
		始與諸侯會鍾離。
		共公卒，蕩山攻殺太子肥，華元出奔，歸而殺山，立公子成，是爲平公，在位四十四年。
		許靈公畏鄭偪，請遷于楚。楚公子申遷許于葉。
	桓公卒，子嗣，是为景公，在位四十年。	景公初年。

丙戌，十有一年，釋曹伯歸于曹。○注：《春秋》書曹伯歸自京師，言王命也，以弑君之賊，而使復國，無以爲天下之共主矣。晉侯使郤至來獻楚捷。○注：鄢陵之役也。

丁亥，十有二年。

戊子，十有三年。

	丙戌	丁亥	戊子
魯	宣公告于晉，欲殺季文子。文子得以義脱。		成公卒，子午嗣，是爲襄公，在位三十一年。
衛			
蔡			
晉	與楚、鄭戰于鄢陵，楚、鄭敗績。	殺其大夫郤錡、郤犫、郤至。	欒書、中行偃弑厲公，立襄公孫周，是爲悼公，在位十五年。
曹	曹伯負芻歸于曹。		
鄭			
吳			
燕		昭公卒，武公立，在位十九年。	
陳			
宋	平公初年。		
齊			
楚			
秦			

己丑，十有四年，九月王崩，太子泄心踐位。

庚寅，靈王。○注：在位二十七年。元年，正月葬簡王。

辛卯，二年。

壬辰，三年，晉大夫魏絳盟諸戎，王叔陳生如晉。晉侯使士魴來京師。

癸巳，四年。

甲午，五年。

己丑	庚寅	辛卯	壬辰	癸巳	甲午
襄公初年。	會晉城虎牢。				
悼公初年。					
	成公卒，子髡頑嗣，是爲僖公，在位五年。	僖公初年。			
武公初年。					
			成公卒，子溺嗣，是爲哀公。	哀公初年。	
					滅萊。

	乙未，六年。	丙申，七年。	丁酉，八年。	戊戌，九年，以單子爲卿士，以相王室。○注：公靖。○注：時王叔陳生與伯輿爭政，不勝，王叔奔晉。	己亥，十年。
魯					作三軍。
衛					
蔡					
晉					
曹					
鄭	楚圍陳、晉，會諸侯救陳。僖公如會，未見諸侯，卒于鄵。公子騑實弑之而立其子嘉，是爲簡公，在位三十六年。	簡公初年。	誅子騑。		
吳					
燕					
陳					
宋					
齊					
楚					
秦					

庚子，十有一年，王使陰里聘后于齊。

辛丑，十有二年。

作三軍。○魯以三分公室而作三軍，晉亦以新軍無帥，而復作三軍，非能復古也。

吳子壽夢卒，長子諸樊立，在位十三年。○按，壽夢有四子，長諸樊，次餘祭，次餘眜，次季札。季札賢，壽夢欲立之，季札讓不可。立長子諸樊。

諸樊遏初年。

共王卒，子昭立，是爲康王。世子出奔吳。○在位十五年。

壬寅，十有三年，王使劉子賜齊侯命。

癸卯，十有四年。劉夏逆王后于齊。

甲辰，十有五年。

乙巳，十有六年。

丙午，十有七年。

	壬寅	癸卯	甲辰	乙巳	丙午
魯					
衛	孫林父甯殖攻侯，侯奔齊。二子立穆公子剽，是爲殤公。	殤公初年。			
蔡					
晉		悼公卒，子彪嗣，是爲平公，在位二十六年。	平公初年。		率諸侯圍齊，大破之。
曹				附：邾宣公卒，立爲悼公，在位九年。	晉率諸侯圍齊，曹成公卒于師，子滕嗣，是爲武公，在位二十七年。
鄭					
吳					
燕					
陳					
宋					
齊					
楚					
秦					

丁未，十有八年，王使鄭大夫公孫蠆大路以葬。○注：以蠆善伐秦，晉侯請于王，王追賜之。

戊申，十有九年，十月丙辰朔，日食。

己酉，二十年，九月庚戌朔，日食。十月庚辰朔，日食。

庚戌，二十有一年，十一月庚子，魯孔子生。

武公初年。

殺其大夫、公子嘉，子產爲大夫。

靈公卒，子光嗣，是爲莊公，在位六年。○初，以光爲太子。既而廢光，立公子牙爲太子。光與崔杼殺牙而自立。

孔子生。

	辛亥，二十有二年，二月癸酉朔，日食。穀洛鬭，將毀王宮。	壬子，二十有三年，七月甲子朔，日食。八月癸巳朔，日食。	癸丑，二十有四年。	甲寅，二十有五年。
魯				
衛				甯喜弒其君剽，孫林父入于戚以叛。衛侯衎復歸于衛。
蔡				
晉			使趙武爲政。	誅殤公，復入獻公。晉人執衛甯喜。
曹				
鄭				
吳			吳子遏伐楚，門于巢卒，弟餘祭立。	
燕		文公卒，懿公立，在位四年。		
陳				
宋				
齊			崔杼以莊公通其妻殺之，立其弟杵臼，是爲景公，在位五十八年。	景公初年。如晉，請歸衛獻公。慶封誅崔杼之族，專國政。
楚				
秦				

乙卯	丙辰	丁巳	戊午
乙卯，二十有六年，十一月乙亥朔，日食。	丙辰，二十有七年，王崩，太子晉母弟貴踐位。	丁巳，景王。○注：在位二十五年。元年。夏五月葬靈王。	戊午，二年。
	公如楚，葬康王。	吳季子來觀周樂，盡知樂所爲。	
殺其大夫甯喜、衛侯之弟鱄，出奔晉。		獻公卒，子惡嗣，是爲襄公，在位九年。	襄公初年。
			景公爲天子般娶于楚，通焉。太子
		吳季札來曰：『晉政卒，歸韓、趙、魏。』	
		吳季札來謂子產曰：『政將歸子，子以禮，幸脱于戹矣。』	諸公子爭寵相殺，子產子成正。
		吳閽守舟者殺吳子餘祭，弟餘昧立。使季札聘魯、齊、鄭、魏。	
	懿公卒，子款嗣，是爲惠公，在位六年。	惠公初年。	
	冬，鮑、高、樂氏謀慶封，發兵攻慶封，慶封奔吳。	吳季札來，使與晏嬰歡。	
	康王卒，子麇嗣，爲郟敖，在位四年。		

		己未，三年，王殺其弟佞夫，王子瑕奔晉。	庚申，四年。	辛酉，五年。
魯		公卒于襄楚宮，子野立而卒。稠立，是爲昭公，在位三十二年〇年十七，有童心。已未仲由生。		晉韓起來聘，觀書，見《易象》《春秋》，曰周禮盡在魯。
衛				
蔡	殺公自立，是爲靈侯。	靈侯初年。		辛酉漆雕開生。
晉				使韓起聘魯、齊、衛。秦后子來奔。
曹			附邾悼公卒，穿立，是爲莊公。	
鄭				
吳				
燕				
陳				
宋				
齊				
楚	王季父圍爲令尹。		令尹圍殺郟敖自立，爲靈王。楚公子比奔晉。	靈王初年。
秦				后子奔晉，車千乘。

壬戌，六年。

癸亥，七年。

甲子，八年。

乙丑，九年。

丙寅，十年，衛齊惡來請命，王使成子如

壬戌	癸亥	甲子	乙丑	丙寅
	乙亥，有若生。	舍中軍。孔子志學。		季武子卒。
				襄公卒，公子元立，
			齊景公來，請伐燕，入其君。	入燕君。
	作邱賦。		鑄刑書。	
	楚率諸侯來伐。			
燕伯款多嬖寵，公欲去，諸大夫立寵人。諸大夫殺寵人，公恐奔齊。燕人，立悼公，在位十年。				悼公初年。
晏嬰使晉，見叔向曰：『齊政歸田氏。』叔向曰：『晉室無度。』			公如晉，請伐燕，入其君。	入燕君。
	伐吳，執慶封，殺之。	率諸侯伐吳。	率諸侯伐吳，次乾谿。	
		景公卒，后子自晉歸，嗣爲哀公，在位三十六年。		

衛弔，追錫命。

丁卯，十有一年。

戊辰，十有二年，王使詹桓如晉，晉侯使趙成來致閻田。

己巳，十有三年。

庚午，十有四年。

御批

		丁卯	戊辰	己巳	庚午
魯				孔子生伯魚○十九娶宋亓官氏，一歲而生伯魚。	
衛	是爲靈公，在位四十二年。	靈公初年。			
蔡					靈侯如楚，楚子。
晉				春，有星出婺女。十月，平公卒，子夷嗣，是爲昭公，在位六年。	昭公初年。
曹					
鄭					
吳					
燕	伯款歸至卒。				
陳		哀公有廢疾，其弟招殺世子，偃師公自縊死。楚師滅之。			
宋				平公卒，子佐嗣，是爲元公，在位十五年。	元公初年。
齊					
楚			公子遷許于夷，取州來、淮北之田以益之，遷方城外人于許。		楚子虔誘殺蔡。
秦					

滅鄭國而執其世子以歸。戳①之。已爲不仁，乃以爲犧牲而用之于岡山。其殘忍、刻毒，無以復加矣。

辛未，十有五年，原伯絞奔郊，成景之族殺甘公過。○注：周室衰，原甘二族，所以遂微。

壬申，十有六年。

虔誘殺之，使公子棄疾圍而滅之。執世子有以歸，用之。棄疾居之，爲蔡公。		楚平復蔡，使隱太子有之子廬歸于蔡，立爲平侯，在位八年。
	簡公卒，子寧嗣，是爲定公，在位十六年。	定公初年。
		悼公卒，共公立，在位五年。
		楚平復陳，使陳太子偃師之子吳歸于陳，立爲惠公，在位二十四年。
侯執世子，用之○謂隱太子爲犧牲于岡山也。殘忍甚矣。	伐舒以恐吳，次乾谿。民罷于役，遂怨王。	公子比自晉歸，公子棄疾自蔡歸，弑其君虔于乾谿。棄疾殺比而自立，是爲平王。平王

①戳應爲「剹」。

癸酉，十有七年。

甲戌，十有八年，王太子壽卒，王穆后崩。○注：王一歲而有三年之喪三焉。

乙亥，十有九年。

丙子，二十年，晉侯使屠蒯來，請有事于雒與三塗。

魯					
衛					
蔡		平侯初年。			
晉				昭公卒，子去疾嗣，是爲頃公，在位十四年。○六卿强，公室卑。	頃公初年。
曹		武公卒，子須嗣，是爲平公，在位四年。	平公初年。		
鄭					
吳			吳子夷昧卒，子僚立，在位十二年。	吳子僚初年。	
燕					
陳		惠公初年。			
宋					
齊					
楚	即位。復陳、蔡。	平王初年。○共王子。	爲太子娶于秦，女好，自娶之。		
秦					

晉荀吳帥師滅陸渾之戎。

丁丑，二十有一年，宋、衛、陳、鄭災。鑄大錢。

戊寅，二十有二年。

己卯，二十有三年。

庚辰，二十有四年。

辛巳，二十有五年，王崩，子猛踐位。葬景王，王室亂，劉子○注：獻公之庶子伯蚠。

			孔子至京師，既而反于魯。己卯冉雍生，冉求生。	庚辰，顏回生。	
			平侯卒，子朱嗣，是爲悼侯，在位三年。		
					周室亂，公平之，立敬王。
	平公卒，子悼公嗣，在位九年。	悼公午初年。			
			大夫公孫僑卒○即子產也。		
	共公卒，平公立，在位十九年。	午公初年。			
			景公與晏子狩，入魯，問禮于孔子。	高柴生。	
	遷許于白羽。楚田、費無極放太子建于城父。		楚子誅伍奢、伍尚，太子建自城父奔宋，伍奢奔吳。		

單子以王子猛居于皇。秋，劉子、單子以王子猛入于王城。○注：晉籍談、荀躒帥九州之戎及焦、瑕、温、泉之師，以納王于王城。冬王子猛卒○注：是爲悼王。乃立其母弟匄爲敬王。十二月癸卯朔日食。

壬午，敬王，○注：在位四十四年，景王子名匄。元年，王居狄泉，尹氏立王子朝。地震。

癸未，二年，王在狄泉，王子朝

魯		昭公二十三年。	
衛			
蔡		悼侯卒于楚，子申立，是爲昭侯，在位二十八年。	
晉			
曹			
鄭			
吳			
燕			
陳			
宋			
齊			
楚			
秦			

入于鄔。五月乙未朔，日食。

甲申，三年。

乙酉，四年，王使單子如晉，王次于滑，晉知躒、趙鞅以師至，入王于成周。尹氏毛伯召

	公欲誅季氏，三桓氏攻公。公出居鄆。孔子如齊。	
		知躒、趙鞅納王于成。
	元公如晉，卒于曲棘。子頭曼嗣，是爲景公，在位四十八年。附：杞伯郁釐卒○林氏曰平公卒，子悼公成立。	景公初年。
	孔子來。有聞語，問政景公，欲以尼谿之田封之。晏嬰沮之，遂反魯。	
		楚平王卒，子壬嗣，是爲昭王，在位二十七年。

伯以王子朝奔楚。

丙戌，五年，晉籍秦來致諸侯之戍。

丁亥，六年。

戊子，七年，殺召伯盈、尹固及原伯魯之子。王子趙車入于鄻，陰不佞討，敗之。○注：皆王子朝之黨也。

魯			公如晉，求入。晉弗聽，處之乾侯。	公自乾侯如鄆，齊侯曰：『主君。』公恥之，復之乾侯。
衛				
蔡				
晉		使諸侯戍成周。	六卿殺公族，分其邑，各使其子爲大夫。	
曹		悼公卒，弟野立，是爲聲公，在位五年。	聲公初年。	
鄭			定公卒，子蠆嗣，是爲獻公，在位十三年。	獻公初年。
吳		使季札聘于晉、吳，弑其君僚。諸樊之子光立，是爲闔閭，在位十九年。	闔閭初年。	
燕				
陳				
宋				
齊				
楚	昭王初年，誅費無極。			
秦				

己丑，八年。

庚寅，九年

辛卯，十年，王使富辛、石張如晉，請城成周。

壬辰，十有一年。

癸巳，十有二年，盜殺鞏簡公。

甲午，十有三年。

		昭公卒于乾侯，季孫意如廢世子而立公子朱，是爲定公，在位十五年。	定公初年，昭喪自乾侯至。		
					卜商生。
頃公卒，子午嗣，是爲定公，在位三十七年。	定公初年。	率諸侯爲周築城于成周。			
		平公弟通弒聲公代立，是爲隱公，在位四年。	隱公初年。		附：鄭莊公卒，
		伐越。			

乙未，十有四年，劉文公卒。

丙申，十有五年，王使人殺王子朝于楚。

丁酉，十有六年，周儋翩率王子朝之徒作亂，王出奔晉，處于姑蕕。

戊戌，十有七年，劉子逆王于晉，入王于王城。

		乙未	丙申	丁酉	戊戌
魯			陽虎執季桓子，與盟釋之。丙申，曾參生。		
衛					
蔡					
晉					入周敬王。
曹	益立，爲隱公。		聲公弟露弑隱公代立，是爲靖公，在位四年。	靖公初年。	
鄭					
吳		乙未言偃生。	於越來。		
燕			平公卒，子簡公嗣，在位十二年。	簡公初年。	
陳		惠公吳卒，子柳嗣，是爲懷公，在位四年。	懷公初年。		
宋		附：杞悼公卒，子隱公乞立。隱公弟弑隱公而自立。			
齊					
楚		附：許遷于容城。許四遷皆受楚令。			
秦					

〇注：儋翩入于儀栗以叛，劉子、單子迎王于慶氏。晉籍秦送王，王入于王城。

己亥，十有八年，單子伐穀城、簡城，劉子伐儀栗、盂。

庚子，十有九年。

辛丑，二十年。

	陽虎攻三家，弗克，奔齊。己卯宓不齊生。	公山不狃召孔子，欲往，不果。用孔子爲中都宰。庚子，閔損生。	以孔子爲大司寇，相魯侯。會齊侯于夾谷，齊歸。
	靖公卒，子伯陽嗣，在位十五年。	伯陽初年。	
		獻公卒，子勝嗣，是爲聲公，在位三十七年。	聲公初年。
	懷公卒于吳，國人立其子越，是爲閔公，在位二十四年。	閔公初年。	
		哀公卒，孫嗣，是爲惠公，在位九年。	惠公初年。

		壬寅，二十有一年。	癸卯，二十有二年。	甲辰，二十有三年。	巳，二十有四年。
魯	鄆讙黽陰田○夾谷在祝其縣西南。		隋郈及費隋成弗克。	以孔子攝相事與聞國政。齊來歸女樂季桓子受之孔子適衛。	
衛					世子蒯聵出奔
蔡					
晉				趙鞅入于晉陽以叛荀寅士吉射入于朝歌以叛趙鞅歸于晉。	
曹		國人有夢衆君子立社宮謀亡曹振鐸止之請待公孫彊許之。			公孫彊好射獻
鄭					
吳				附：越子允當卒，子句踐嗣，是爲菼執。	伐越，越敗吳于
燕					
陳					
宋					
齊					
楚					
秦	生躁公懷公簡公				

王使石尚歸脤于魯。

丙午，二十有五年。

丁未，二十有六年。

戊申，二十有七年。

己酉，二十有八年，殺萇宏。魯桓、僖宮災。

	丙午	丁未	戊申	己酉
	定公卒，子蔣嗣，是爲哀公，在位二十七年。	哀公初年。		桓僖宮災。季孫斯卒。
末。孔子自衛適陳，畏于匡，反衛。	孔子去衛過曹。		靈公卒，蒯聵之子輒立，是爲出公。晉納太子蒯聵于戚○出公在位十二年。	出公初年。齊國夏、衛石曼姑圍戚。
		請遷于吳。	遷于州來，州來近吳。	
				趙鞅圍朝歌。
雁君使爲司城，夢者之子亡去。	孔子去曹適宋，及鄭至陳。			
檇李。闔閭卒，子夫差嗣，在位二十三年。	夫差初年。	吳子敗越于夫椒。		
			簡公卒，獻公立，在位二十八年。	獻公初年。
				惠公卒，子嗣，爲悼公，在位十五年。

	魯	衛	蔡	晉	曹	鄭	吳	燕	陳	宋	齊	楚	秦
庚戌，二十有九年。	附膠頃公結卒，子虞母立，是爲隱公。		盜殺昭侯，國人立其子朔，是爲成侯，在位十九年。孔子如蔡。										悼公初年。
辛亥，三十年。											景公卒，立嬖姬子荼。		
壬子，三十有一年。	壬子，顏回卒。		孔子自蔡如葉。								公子陽生入于齊，是爲悼公，在位五年。陳乞弒其君荼。	昭王卒，群臣立其子章，是爲惠王，在位五十七年。孔子自楚反。	
癸丑，三十有二年。											悼公陽生初年。	惠王章初年。	
甲寅，三十有三年。					朱滅曹，虜曹伯。陽以歸。					公入曹，以曹伯陽歸。			

乙卯，三十有四年。	丙辰，三十有五年。	丁巳，三十有六年。	戊午，三十有七年。	己未，三十有八年。	庚申，三十有九年。
			用田賦。		魯人獲麟，孔子作《春秋》。孔子請討齊，三家不可。
				越入吳，吳及越平。	
	孔子自陳復歸于衛，自衛反魯，敘《書》、記《禮》、刪《詩》、正《樂》、贊《周易》。				
					向魋謀弑其君，不克，入于曹以叛。自曹出奔衛，向巢奔魯，司馬牛致其邑而適齊。
	吳魯來伐，鮑子弑悼公，立其子壬，是爲簡公，在位四年。	簡公初年。			陳恒與闞正爭政，殺之。執簡公于舒州，旋弑之，立其弟驁，是爲平公。恒相之專權，

		辛酉，四十年。	壬戌，四十有一年。	癸未，四十有二年。
魯	足之問也。		壬戌。孔子卒于魯。夏四月十八日乙丑。	
衛			世子蒯聵自戚歸于衛，是爲莊公，其子輒出奔魯。衛候使鄢肹告魯。	晉趙鞅復伐衛，衛人出其君。蒯聵立公孫般師。莊公死于戎州己氏。齊人伐衛。立公子起，執般
蔡				
晉				
曹				
鄭				
吳				越子伐吳，敗于笠澤。
燕				
陳				
宋				
齊	齊自是稱田氏。平公在位二十五年。	平公初年。		
楚			楚白公勝殺令尹子西，攻惠王，葉公攻白公，公自殺，惠王復國。	楚滅陳，殺陳閔公。
秦				

	甲子，四十有三年。	乙丑，四十有四年，王崩，子仁踐位。	丙寅，元王。○注：在位七年。元年。	丁卯，二年。	戊辰，三年，
					越子以泗東地
師而歸。	衛石圃逐其君起，起出奔齊。衛出公輒自齊復歸，衛逐石圃。	衛出公輒後初年。			
			晉定公卒，子錯嗣，是爲出公，在位十八年。趙簡子卒，立其次子無恤。		
					越子納邾子益
			越圍吳。		越滅吳，吳王夫
					越子歸吳所侵
	齊陳恒殺鮑氏、晏氏及公族之强者，割安平以東爲封邑。				
					越子以江北地
	悼公卒，子嗣，是爲厲共公，在位三十四年。	厲共公初年。			

王賜越子胙，命爲伯。
〇注：越人致貢也。

己巳，四年。

庚午，五年。

辛未，六年。

壬申，七年，王崩，太子介踐位。

魯	與魯。		魯侯以嬖妾公子荊之母爲夫人，荊爲太子。		
衛				衛侯輒出奔宋。	越、宋、魯伐衛，納衛侯輒，不克，衛人立黜，是爲悼
蔡		蔡成侯卒，子産嗣。子爲聲侯，在位三十五年。			
晉					
曹	于邾，太子革奔越。		越執邾子以歸，立公子何。		
鄭					
吳	差自殺。越范蠡去越，越伯殺其大夫文種。				
燕					
陳					
宋	宋地。				景公卒，大尹立啟，六卿逐啟而立得，是爲昭公。
齊					
楚	至泗上與楚。				
秦					

癸酉，貞定王。○注：《史記》作『定王介』，《世本》《索隱》作『貞王』，《稽古録》作『貞定王』，在位二十八年。元年。

甲戌，二年。

乙亥，三年。

魯侯出奔越，卒于有山氏。魯人立其子寧，是爲悼公，在位三十年。○時三桓盛，魯卑于三桓之家。

魯悼公初年。

公○悼公蒯聵庶弟輒季父也。

附

越炎執卒，子鹿郢嗣，是爲鼫與。

燕獻公卒，孝公立，在位十五年。

在位四十七年。

宋昭公初年。

	丙子，四年。	丁丑，五年。	戊寅，六年。	己卯，七年。	庚辰，八年。	辛巳，九年。	壬午，十年。	癸未，十有一年。
魯								
衛								
蔡								
晉								晉荀瑤與韓、魏氏分范、中行氏之地以爲己
曹								
鄭			鄭聲公卒，子易嗣，是爲哀公，在位八年。	鄭哀公初年。				
吳							附越鹿郢卒，子不壽嗣，是爲盲姑。	
燕	燕孝公初年。							
陳								
宋								
齊								
楚								
秦								

	甲申，十有二年。	乙酉，十有三年。
	蔡聲公卒，子嗣，是爲元侯，在位六年。	
邑。晉告于齊、魯，請伐四卿。四卿反攻其君，晉侯出奔齊。	晉出公卒于齊，荀瑤立昭公曾孫驕，是爲哀公，而專其政。	晉哀公初年〇正義曰：『表云晉出公錯十八年，晉哀公忌二年，晉懿公驕。驕十七年而卒。』《世本》云：『昭公生桓子雝。雝生忌，
		齊平公卒，子積嗣，是爲宣公，在位五十一年。陳成子卒，子盤代。〇世家：自陳完至成子恒凡七世。

魯	
衛	
蔡	
晉	忌生懿公驕。』世家云：『晉出公十七年，晉哀公驕十八年，而無懿公。』按：出公道死，智伯乃立昭公曾孫驕爲晉君，是爲哀公。哀公大父雍，晉昭公少子號戴子生忌。忌善，智伯蚤死，故智伯欲并晉，未敢，乃立忌子驕爲君，據三處不同，未知孰是。
曹	
鄭	
吳	
燕	
陳	
宋	
齊	
楚	
秦	

丙戌，十有四年。

晉荀瑤約魏駒、韓虎攻趙無恤，無恤奔晉陽。

鄭人弒哀公，立聲公之弟丑，是爲共公，在位三十年。

丁亥，十有五年。

荀瑤及韓、魏圍晉陽。

鄭共公初年。

戊子，十有六年。

晉趙無恤約魏駒、韓虎攻荀瑤，滅之，三分其地。○初，六卿共專晉政，既而知氏滅，范氏、中行氏至此，趙與韓、魏又滅知伯，分其地。六卿已滅其三矣。

齊田盤使其宗人盡爲齊都邑大夫，與三晉通使。

	己丑，十有七年。	庚寅，十有八年。	辛卯，十有九年。	壬辰，二十年。	癸巳，二十有一年。
魯					
衛		衛悼公卒，子弗嗣，是爲敬公，在位十九年。	衛敬公初年。		
蔡		蔡元侯卒，子齊嗣，在位四年。	蔡侯齊初年。		
晉	晉知開率其邑人奔秦。				晉知寬率其邑人奔齊。
曹					
鄭					
吳				附：越盲姑卒，子翁嗣，是爲朱勾，在位三十七年。	
燕			燕孝公卒，載立，是爲成公，在位十六年。	燕成公初年。	
陳					
宋					
齊					
楚					
秦	晉知開來奔。				晉知寬來奔。

甲午，二十有二年。

楚子滅蔡，蔡侯齊出亡〇蔡仲至齊，凡二十四世。

楚子滅蔡，蔡侯齊出亡。

乙未，二十有三年。

楚滅杞。

丙申，二十有四年。

楚與秦平，楚東侵地至于泗。

丁酉，二十有五年。

秦伐義渠，虜其君以歸。

戊戌，二十有六年，日食，晝晦，星見。

己亥，二十有七年。

秦厲共公卒，子嗣，是爲躁公，在位十四年。

庚子，二十有八年，王崩，子去疾踐位，○注：是爲哀王。弟叔弒之，○注：自立五月，是爲思王。少弟嵬殺叔而立。○注：是爲考王。封弟揭于河南以續周公之職。○注：是爲河南桓公。

○注：河南即郟鄏，周武王遷九鼎，周公營以爲都，是爲王城。又遷殷民于洛陽下都，是爲成周。平王東遷，定都于王城，王子朝之亂，其餘黨多在王城。敬王畏之，徙都成周。至是，考王以王城故地封其弟桓公焉。

魯	
衛	
蔡	
晉	
曹	
鄭	
吳	
燕	
陳	
宋	
齊	
楚	
秦	

辛丑，考王。〇注：在位十五年。元年。

秦躁公初年。

壬寅，二年。

晉哀公卒，子柳嗣，是爲幽公，在位十八年。

癸卯，三年。

晉幽公初年。

甲辰，四年。

晉侯反朝于韓趙魏氏。晉獨有絳、曲沃。

乙巳，五年。

丙午，六年，夏六月雪，日食。

丁未，七年。

燕成公卒，緡公立，在位三十一年。

	戊申，八年。	己酉，九年。	庚戌，十年。	辛亥，十有一年。	壬子，十有二年。	癸丑，十有三年。	甲寅，十有四年。
魯			魯悼公卒，子嘉嗣，是爲元公，在位二十一年。	魯元公初年。			
衛		衛敬公卒，子糾嗣，是爲昭公，在位六年。○衛屬于晉韓趙魏氏。	衛昭公初年。				
蔡							
晉							
曹							
鄭							
吳							
燕	燕緡公初年。						
陳							
宋							
齊							
楚		惠王卒，子中嗣，是爲簡王，在位二十四年。	楚簡王初年，楚滅莒。				
秦				儀渠伐秦，侵至渭陽。	秦躁公卒，弟立，是爲懷公，在位四年。	秦懷公初年。	

乙卯，十有五年，王崩，太子午踐位。西周公封其少子班于鞏以奉王，是爲東周。○注：仍襲父號曰東周惠公○《大事記》曰：『此東、西周分之始也。』初，考王封其弟揭于河南，是爲河南桓公。桓公卒，子威公立。威公卒，子惠公立。惠公復自封其少子班于鞏以奉王號。殆欲獨擅河南之地而不復奉王與。

衛公子亹弑其君昭公而自立，是爲懷公，在位十一年。

	○注：東周者，指威烈王所居之洛陽也。鞏乃班之采邑，非以鞏爲東周也。	丙辰，威烈王，○注：在位二十四年。元年。
魯		
衛		衛懷公初年。
蔡		
晉		晉趙襄子卒，以兄子伯魯之孫浣爲後，爲獻子。襄子之弟嘉逐浣而自立于代，是爲桓子。韓康子卒，子啟章代，爲武子。魏桓子卒，子斯立，爲文侯。
曹		
鄭		鄭共公卒，子已嗣，是爲幽公，在位一年。
吴		
燕		
陳		
宋		
齊		
楚		
秦		秦庶長鼂弑其君懷公，國人立其孫，是爲靈公，在位十三年。

丁巳，二年。

晉趙桓子卒，國人殺其子，迎浣復位。

秦靈公初年。

戊午，三年。

晉韓啟章來伐鄭，殺幽公。鄭人立其弟駘，是爲繻公，在位二十七年。

己未，四年。

鄭繻公初年。

秦作上下時。

庚申，五年。

辛酉，六年。

盜殺晉幽公。魏斯誅亂者，立其子止，是爲烈公，在位二十七年。

壬戌，七年。

晉烈公初年。

癸亥，八年。

甲子，九年。

乙丑，十年。

丙寅，十有一年。

丁卯，十有二年。

戊辰，十有三年，晉河岸崩，雍龍門，

	癸亥	甲子	乙丑	丙寅	丁卯	戊辰	
魯							
衛					衛公孫頹弑其君懷公而自立，是爲慎公，在位四十二年○頹，敬公之孫也。		
蔡							
晉	魏斯城少梁。韓啟章都平陽，趙浣城泫氏。						
曹							
鄭							
吳							
燕							
陳							
宋							
齊							
楚		楚滅郯。					
秦					秦靈公卒，國人廢其子而立其季父，是爲簡公，在位十六年○簡公，懷公之子，昭公之弟。	秦簡公初年。	

至于底柱。

己巳，十有四年。

庚午，十有五年。

辛未，十有六年。

壬申，十有七年。

	己巳	庚午	辛未	壬申
			魯　元公卒，子顯嗣，是爲穆公，在位三十三年。	魯　穆公初年。魯侯尊禮孔伋，以公儀休爲相，泄柳、申詳爲臣。
				晉　韓武子卒，子虔代，是爲景侯，在位九年。趙獻子卒，子籍代，是爲烈侯，在位九年。
	附　越　朱勾卒，子翳嗣，在位三十六年。			
		齊　田白伐魯，取一城。	齊　田莊子卒，子和代，是爲太公，在位二年。	
				秦　初，令吏帶劍。

	魯	衛	蔡	晉	曹	鄭	吳	燕	陳	宋	齊	楚	秦
癸酉，十有八年。				晉魏斯伐中山，克之，以封其子擊。								楚簡公卒，子當嗣，是爲聲公，在位六年。	
甲戌，十有九年。				晉魏斯受《經》于卜子夏，友田子方，敬段干木。								楚聲公初年。	
乙亥，二十年。				晉上地守李悝爲魏文侯定平糴法，著《法經》。○《法經》即今之名例律也。									
丙子，二十有一年。											齊宣公卒，子貸嗣，是爲康公，在位十八年。		
丁丑，二十有二年。										宋昭公卒，子購	齊康公初年。		

由嗣，是爲悼公，在位八年。

按：《太史公諸侯表》『篇言十二，實敘十三者』，司馬貞謂『賤夷狄，不數吳，又霸在後，似非確論。』楚亦夷也，何以數況吳又太伯後耶？至子霸十二國，非皆伯者，何論先後？讀汪師退《年表》，補序乃言『篇言十二者非不數吳，乃不數秦也』。秦自襄公盡有西周之地，卒并天下，不得終列于諸侯，亦猶秦、魏、韓、趙、楚、燕、齊七雄虓闞，分裂中夏，而但繫之以六國。六國具爲秦并，故因秦紀踵《春秋》之後耳。

歷代統紀表卷之二

偃師段長基述　孫 鼎鑰 鼎鈞 校刊

戊寅，周威烈王，二十三年，九鼎震。初命晉大夫魏斯、趙籍、韓虔爲諸侯。

○注：三分晉而秦無敵矣。故周亡，徵于此。

按：《春秋左傳》終于魯悼公四年，是爲周貞定王五年也。自是曠

是時，鄭、魯、宋、衛諸國俱未亡也。然特枝梧偃息於大國之側，或爲所屬，或爲所滅，無事可紀。故《綱目》於此分注，祇列八大國：曰秦，曰晉，曰齊，曰楚，曰燕，曰魏，曰趙，曰韓。夫魏、趙、韓既列爲諸侯，晉室已卑矣。太史公所以於周烈王二年即不表晉，僅附出公、哀公、幽公元年於魏。而太史公作表又只云六國者，何也？以秦自爲一代之制耳。然周命未改，秦猶列國也。是編表七國者，始皇未并天下以前不予秦之繼周，亦以見七雄之由來者漸矣。

戰國。

秦	簡公 十二年。		秦
齊附宋。	康公 二年。		齊
楚附魯蔡。	聲王 五年。		楚
燕	閔公 三十一年。		燕
魏附晉衛。	文侯 二十二年。	文侯名斯桓，子駒之之子。	魏
趙	烈侯 六年。	烈侯名籍獻，子浣之子。	趙
韓附鄭。	景侯 六年。	景侯名虔康，子虎之孫，	韓

六十一年始爲《通鑑》，何也？春秋以降，諸侯相吞滅者有之，而大夫滅其君自三晉始。天子不恤同姓而爵其賊臣。此《通鑑》所以託始也。

按：《世家》畢公高之裔孫畢萬事晉獻公，賜邑于魏，爲大夫。自萬至八世，三分晉地。自桓子始，至是命爲侯，傳九世，歷一百七十九年爲秦所滅。

按：《世家》趙武生景叔，景叔生簡子鞅，鞅生長子伯魯，次子無恤即襄子。鞅以無恤賢，故立爲後。無恤以伯魯未立，不肯立其子，欲傳位于伯魯子周代成君，代成君先死。乃取成君之子浣爲太子。襄子卒，浣立，是爲獻子。徙治中牟，三分晉地。自襄子始，至始是命爲侯，傳十一世，歷一百七十年爲秦所滅。

武子啟草之子。《左傳》杜氏注《國語》：曲沃生韓萬，自萬至康子虎九世，三分晉地，自康子始。至是命爲侯，傳十一世，歷一百七十四年爲秦所滅。

己卯，二十有四年，王崩，子驕踐位。

庚辰，安王。○注：在位二十六年。元年。

辛巳，二年。

壬午，三年，虢山崩，雍河。○注：山在陝州陝縣西二里，臨黃河。

癸未，四年。

甲申，五年，日食。

乙酉，六年。

	秦	齊	楚	燕	魏	趙	韓
己卯			盜殺楚君當，子類嗣，是爲悼王，在位二十一年。	燕僖公初年。		列侯好音，欲賜歌者田，徐越侍以仁義，乃止。	
庚辰			楚悼王初年。				
辛巳	秦簡公卒，子惠公嗣，在位十三年。				魏太子罃生○武侯子	趙侯籍卒，子武侯嗣，在位十三年。	韓景侯卒，子烈侯取嗣，在位十三年。
壬午	秦惠公初年。					趙武侯初年。	韓烈侯初年。
癸未							楚圍鄭，鄭人殺其相駟子陽。
甲申							盜殺韓相俠累。
乙酉							附：鄭相駟子

陽之徒弑其君繻公。

丙戌，七年。

附：宋休公初年。

附：鄭康公初年。

丁亥，八年。

齊伐魯。

戊子，九年。

楚伐韓，取負黍。

魏伐鄭，取酸棗。

己丑，十年。

附：晉孝公傾初年。

庚寅，十有一年。

秦伐韓宜陽，取六邑。

齊田和遷其君貸于海上，食一城○和，田恒曾孫。

辛卯，十有二年。

魯敗齊師于平陸。

壬辰，十有三年。

秦太子生○按：《本紀》：『子生。』

齊田和求爲諸侯，魏文侯爲之請于王及諸侯，王許之。

癸巳，十有四年。

年	秦	齊	楚	燕	魏	趙	韓
甲午，十有五年。	秦惠公卒，出公立，在位二年。		魏吴起奔楚，楚以爲相。		魏侯斯卒，子武侯擊嗣，在位十六年。	趙武侯卒，敬侯章立，在位十二年。	韓烈侯卒，文侯立，在位十年。
乙未，十有六年，初命齊田和爲諸侯。	秦出公初年。	齊太公和初年。			魏武侯初年。	趙敬侯初年。	韓文侯初年。
丙申，十有七年。	秦庶長改迎靈公子，立爲獻公，遂殺出公及其母，沉之淵旁○改，庶長名也。	齊田和卒，桓公立，在位六年。					
丁酉，十有八年。	秦獻公初年。	齊桓公午初年。					
戊戌，十有九年							
己亥，二十年，日蝕，晝晦。							
庚子，二十有一年。	秦孝公生。		楚君類卒，子肅王嗣，在位十一年。				

辛丑，二十有二年。		齊伐燕。	楚人殺吳起。楚肅王臧初年。		魏伐齊。	趙伐齊。	韓伐齊。
壬寅，二十有三年。		齊侯貸卒，無子，田氏遂并齊○是歲，姜齊亡，太公望之後絕祀。					
癸卯，二十有四年。		齊威王因齊初年○始以齊彊天下。			魏伐齊。	趙伐齊。	韓伐齊。
甲辰，二十有五年。					附：晉靖公俱酒①立，初年。		韓文侯卒，哀侯立，在位六年。
乙巳，二十有六年，王崩，子喜踐位。			附：魯共公初年。		三晉共廢其君俱酒，爲家人②而分其地○至是，晉亡。	趙分晉國。	韓哀侯初年。分晉國。
丙午，列王。○注：在位七年。元年，日蝕。							韓滅鄭，自陽翟徙都之。

①俱酒：晉靖公名。②家人：居家、無官爵之人。

丁未，二年。

戊申，三年。

己酉，四年。

庚戌，五年。

辛亥，六年，齊威王來朝。○注：時周室微弱，諸侯莫朝，而齊獨朝之，天下以此賢威王。

壬子，七年，日蝕。

	丁未	戊申	己酉	庚戌	辛亥	壬子
秦						
齊			附：宋辟公初年○《索隱》曰：『辟音壁。名辟兵，生剔成。』		齊封侯即墨大夫、烹阿大夫。	附：宋剔成立。
楚					楚肅王卒，宣王立，在位三十年。	楚宣王良夫初年。
燕	燕敗齊師于林狐。		燕桓公初年。			
魏			附：衛聲公初年。	魏侯擊卒○武侯不立太子。至是，子罃與公中緩爭立，國內亂。	魏惠王罃初年。	韓、趙伐魏，圍安邑。
趙	趙成侯種初年。		趙伐衛，取都鄙七十三○十邑爲都，五百家爲鄙。			
韓				韓嚴遂弒其君○哀侯以韓廆爲相而愛嚴遂，二人相害，遂刺廆于朝，并中哀侯。	韓懿侯初年。	

王崩，弟扁立。

癸丑，顯王。○注：在位四十八年。元年。

甲寅，二年。

乙卯，三年。

丙辰，四年。

丁巳，五年，秦敗三晉之師于石門，賜以黼黻之服。

按：秦本戎翟，前年，兵至洛陽。無忌已甚，且三晉皆中國之民，石門之敗，斬首至六萬。天子不能治，反賜之，是賞賊也。自是秦日益張并吞之，勢已成矣。

秦敗魏、韓之師于洛陽。

秦敗三晉之師于石門。

初年。

齊伐魏。

戊午，六年。

己未，七年。

庚申，八年，彗星見西方。○注：是年，商鞅入秦。三代數聖人，良法美意，掃地不存，其爲彗也大矣。

辛酉，九年，致胙于秦。○注：徐廣曰：『《紀年》東周惠公傑薨。』

壬戌，十年。

	戊午	己未	庚申	辛酉	壬戌
秦		秦伯卒。獻公薨，孝公立，生二十有一年矣，在位二十四年。	秦孝公初年。衛公孫鞅入秦。	天子致胙于秦。	秦以衛鞅爲左庶長。定變法之令。
齊					
楚					
燕		燕桓公卒，文公立，在位二十九年。	燕文公初年。		
魏		魏敗韓、趙之師于澮，大雨三月。與秦戰少梁，太子被虜。			魏星晝墮，有聲。
趙					
韓					韓懿侯卒，昭侯立，在位二十六年。

亥癸，十有一年。

甲子，十有二年。

乙丑，十有三年。

丙寅，十有四年。

丁卯，十有五年。

戊辰，十有六年，韓伐東周，取陵觀、廩邱。

己巳，十有七年。

庚午，十有八年。

辛未，十有九年。

申壬，二十年。

秦敗韓師于西山。	鄒忌以鼓琴見威王。					韓昭侯初年。
	齊封鄒忌爲成侯。					
	齊、魏會田于郊。					
秦敗魏師于元里，取少梁。				魏伐趙，圍邯鄲。		
	齊伐魏以救趙，魏克邯鄲，還戰，敗績。					
				諸侯圍魏襄陵。		
						韓以申不害爲相。
秦徙都咸陽，始廢井田。					趙成侯卒，肅侯立，在位二十四年。	
					趙肅侯初年。	

	秦	齊	楚	燕	魏	趙	韓
癸酉，二十有一年。	秦更賦稅法。						
甲戌，二十有二年。							
乙亥，二十有三年。					附：衛貶號曰侯，服屬三晉。		
丙子，二十有四年。							
丁丑，二十有五年，諸侯會于京師。○注：非朝也。人威咫尺而莫之朝焉，以是爲不恭。							
戊寅，二十有六年，致伯于秦。	致伯于秦，諸侯賀之。秦使公子少官帥師會諸侯來朝。按：秦至是益强矣。已受諸侯之賀而使六		附：魯景公偃初年。				

	己卯，二十有七年。	庚辰，二十有八年。	辛巳，二十有九年。	壬午，三十年。	癸未，三十有一年。
夫朝周，秦之不王，孰甚焉。			秦封鞅爲商君。		秦伯卒，秦人誅衛鞅，
	按：《史記》『是年』，齊宣王初年。《通鑑》與《史記》不同，而《考異》不載其説，未詳所據。後湣王初年，倣此				
			楚宣王卒，威王立，在位十一年。	楚威王商初年。	
		魏伐韓，齊救韓，虜太子申，殺將軍龐涓。	秦商鞅來伐，誘執公子卬，魏徙都大梁，獻河西地于秦。齊趙伐魏。		

年	秦	齊	楚	燕	魏	趙	韓
	滅其家。孝公薨，太子立，是爲惠文王，在位十四年。						
甲申，三十有二年。	秦惠文王初年。						韓申不害卒。
乙酉，三十有三年。		附：宋太邱社亡。○亡，謂社主亡也。			孟軻至魏。是歲，惠王卑禮厚詞以招賢者，故孟子至梁。		
丙戌，三十有四年。	秦伐韓，拔宜陽。						
丁亥，三十有五年。	秦大敗魏師，擒其將龍賈。	齊與魏會徐州以相王。	楚滅越。		魏惠王改元初年。○司馬公曰：『《史記·六國表》魏惠王三十六年薨，襄王十六年薨，哀王二十二年薨。』汲冢《竹書紀年》：『惠王三十六年，改元初年，後十		

六年薨，杜預和嶠皆以《史記》爲誤，分惠王之世爲二王之年。蓋《世本》『惠王生襄王而無哀王』，且《竹書·魏史》所書必得其真，故今從之。與齊會徐州以相王。

戊子，三十有六年。

六國合從以擯秦，以蘇秦爲從約長，并相六國。

齊威王卒，宣王立，在位十九年。

楚伐齊。

燕文公卒，易王立，在位十二年。

韓侯卒，子宣惠王位，在位二十一年。

己丑，三十有七年。

秦以齊、魏之師伐趙，蘇秦去趙適燕，從約皆解。

齊宣王辟彊初年伐燕。

燕易王初年。

魏以陰晉爲和于秦。附：衛平侯初年。

韓宣惠王初年。

庚寅，三十有八年。

	秦	齊	楚	燕	魏	趙	韓
辛卯，三十有九年。	秦伐魏。				秦伐魏，魏獻河西之地于秦。		
壬辰，四十年。		附：宋公弟偃逐其君剔成而自立。			秦伐魏取汾陰、皮氏，拔焦。		
癸巳，四十有一年。	客卿張儀伐魏，魏納上郡，秦以儀爲相。	楚懷王槐初年。					
甲午，四十有二年。	秦縣義渠〇義渠，古西戎國，與趙、魏接境。秦昭王滅之，今寧、徑、慶三州本其地。				秦歸焦、曲沃于魏。		
乙未，四十有三年。						趙肅侯卒，子武靈立，在位二十七年。	
丙申，四十有四年，夏四月。	秦初稱王。					趙武靈王初年。	
丁酉，四十有五年。		蘇秦自燕來奔。					

戊戌，四十有六年。	己亥，四十有七年。	庚子，四十有八年，王崩，子定踐位。	辛丑，慎靚王。○注：在位六年。元年。	壬寅，二年。	癸卯，三年。
秦相張儀免，出相魏。					楚、趙、魏、韓、燕來伐，秦出兵逆之，五國皆敗走。
按：《史記》：是年，齊湣王初年。		齊號薛公，田文爲孟嘗君○文靖郭君田嬰子。			附：宋稱王。
燕，是年稱王。		燕易王卒，王噲立。	燕王噲初年。		
			附：衛更貶號曰君，即衛成侯之子嗣，號嗣君。	衛侯嗇卒，子襄王立，在位十六年。孟軻去魏適齊。	魏襄王初年。
韓是年稱王。					

	甲辰，四年。	乙巳，五年。	丙午，六年，王崩，子延踐位。	丁未，赧王。○注：復還王城。在位五十九年。元年。	戊申，二年。	己酉，三年。
秦	魏請成，張儀歸，復相秦。			秦侵義渠，得二十五城。秦伐魏，取曲沃。又敗韓師，質其太子倉以和。	楚屈匄帥師來伐。	秦敗楚，楚割兩城之
齊	齊大夫殺蘇秦。			齊伐燕取之，醢子之，殺故燕君噲。孟軻去齊。齊宣王卒，湣王地立，在位四十年。	齊湣王初年。	
楚						
燕		燕君噲以國讓其相子之。				燕人立太子平爲君。
魏						
趙						
韓						韓宣惠王卒，子倉立

	地以和○楚貪商於之地，輕與齊絕，興無名之師，輕與齊戰，卒之，地不可得，亦不免虜。		即昭王，在位三十三年。			是爲襄王，在位十六年。
庚戌，四年。	秦使張儀説楚、韓、齊、趙、燕，連衡以事秦，封儀爲武信君。秦君卒，諸侯復合從。		燕昭王平初年。			韓襄王倉初年。
辛亥，五年。	秦武王初年。秦張儀復出相魏。					
壬子，六年。	秦初，置丞相。誅蜀相莊○以莊公殺蜀侯也。					
癸丑，七年。	秦伐韓拔宜陽。					

	秦	齊	楚	燕	魏	趙	韓
甲寅，八年。	秦武王卒，弟稷立，母芈氏治國事，以舅魏冉爲將軍○在位五十六年。					趙使胡服，招騎射。	
乙卯，九年。						楚、齊、韓合從○趙武靈不肯稱王，命國人謂己曰君，可謂賢矣。	
丙辰，十年，彗星見。	秦魏冉弑其君之嫡母惠文后，出其故君之妃悼武后，歸于魏○冉自是爲政。					趙代中山，取數邑。中山復獻四邑以和。	
丁巳，十有一年。							
戊午，十有二年，彗星見。			齊、韓、魏伐楚，楚使太子横質于秦，秦救之。				

○注：《綱目》書『彗星』者十有七，未有一世再見者，惟赧王而已。周之終，赧也，決矣。

己未，十有三年。

庚申，十有四年，日食，晝晦。○注：《綱目》書『日食』者，三百六十七，而晝晦者三。安王二十年，是年，漢《呂氏》庚申年。周末居二，周安得不亡哉。

辛酉，十有五年。

壬戌，十有六年。

	己未	庚申	辛酉	壬戌
			秦公子悝質于齊。	秦伐楚，取八城，遂誘楚君槐于武關，執之以歸。
	楚太子橫殺秦大夫亡歸。	秦、韓、魏、齊伐楚，殺其將唐昧，取重邱。	秦芈戎敗楚，楚使太子橫質于齊，以請平。	楚人請太子橫于齊而立之，是爲頃襄王。
		趙伐中山，中山君奔齊。		趙武靈廢太子章，傳國少子何，自號主父。

		癸亥，十有七年。	甲子，十有八年。
秦	楚人立太子橫，以齊田文爲丞相。	秦伐楚，取十六城。齊、韓、魏伐秦，秦割河東三城以和，三國乃退○按：三國伐秦，似爲楚討秦也。及割三城以和，則見其没于利而不反于義，非真討伐者也。	楚懷王亡之趙，追之，以歸。
齊		齊田文自秦逃歸。	
楚	在位三十六年。	楚頃襄王初年。	楚君槐自秦逃趙，不納，秦追及之以歸。
燕			
魏			
趙	○初，武靈以長子章爲太子，後納吳廣之女孟姚。有寵，生何，愛之，乃廢章而傳國焉○何在位三十三年。	趙惠文王初年。封弟勝爲平原君。	
韓			

乙丑，十有九年。	丙寅，二十年。	丁卯，二十有一年。	戊辰，二十有二年。	己巳，二十有三年。	庚午，二十有四年。	辛未，二十有五年，
楚君槐卒于秦○諸侯由是不直秦。	秦以魏冉爲相。		魏、韓伐秦，秦左更曰：『起敗之，拔五城。』		秦封魏冉爲穰侯，公子市爲宛侯，公子悝爲鄧侯。	秦魏冉伐魏，魏入河
楚君槐卒于秦，夾歸葬○太子橫嗣，是爲頃襄王，在位三十六年。						
	楚頃襄王初年。			楚君迎婦于秦。		
	魏昭王初年。					
	趙故太子章作亂，公子成李兌誅之，遂弒主父于沙邱。					
韓襄王卒，釐王咎立，在位二十三年。	韓釐王初年。					

東周君如秦。

壬申，二十有六年。

癸酉，二十有七年，冬十月。

甲戌，二十有八年。

東，韓入武遂于秦。

秦白起伐魏，取六十一城。

秦君稱西帝，遣使立齊君爲東帝，已而皆去之。

齊稱東帝，二日復爲王。

諸侯僭稱王，自楚外，齊威王二十六年首稱王，魏襄王初年與諸侯會徐州以相王。秦惠文王三十三年稱王，韓宣惠王十年稱王，燕易王十年稱王，宋君偃十一年亦稱王，中山亦稱王。（《國策》：『中山與燕、趙爲王。』）惟趙武靈王八年，五國相王。（魏、韓、趙、楚、燕。）趙獨否，曰：『無其實敢處其名乎？』令國人稱君。尋亦稱王，未紀其年。至秦昭王十九年十月，爲西帝，十二月，復爲王。齊湣王三十六年爲東帝。二日，復爲王。無其實，處其名，何取乎爾？吁周王也。後稱君，衛侯也，貶號曰君。强弱之勢，至易名號可慨也。

秦 齊 楚 燕 魏 趙 韓

乙亥，二十有九年。

丙子，三十年。

丁丑，三十有一年，秦、魏、韓會于京師。○注：前此諸侯會于京師，于此再見天威。咫尺而不爲之朝，罪不王也。

戊寅，三十有二年。

己卯，三十有三年。

庚辰，三十有四年，楚謀入寇，王使東周君喻止。

乙亥	丙子	丁丑	戊寅	己卯	庚辰
秦擊魏，魏獻安邑及河内以和。	蒙武擊齊，拔九城。				
齊滅宋，宋王走死温。		齊君走于莒，其相淖齒弑之。	齊人立其君之子法章爲襄王，討淖齒，誅之。○在位十九年。	齊襄王初年。	
	燕使樂毅約趙嚪秦，連楚及魏伐齊。	燕將軍樂毅伐齊，下齊七十餘城，齊君走莒。其相淖齒弑之，封毅爲昌國君。			
			附：衛君卒。嗣君也。		
			趙使藺相如獻璧于秦。		

	秦	齊	楚	燕	魏	趙	韓
辛巳，三十有五年。	秦白起伐趙。司馬錯因蜀伐楚，拔黔中。楚獻漢北、上庸于秦。						
壬午，三十有六年。		齊田單破燕軍，盡復齊地。封單爲安平君。薛田文卒。		燕君平卒，樂毅奔趙。齊田單破燕，盡復齊地〇惠王立，在位七年。		樂毅來奔，封毅爲望諸君。	
癸未，三十有七年。	秦白起伐楚，拔郢，燒夷陵，楚徙都陳。秦封起爲武安君。			燕惠王初年。			
甲申，三十有八年。	秦置黔中郡。				魏昭王卒，安釐王立，在位三十四年。		
乙酉，三十有九年。			楚復取秦所拔江南十五邑以拒秦。		魏安釐王初年，封公子無忌爲信陵君。		

丙戌，四十年。	秦伐魏，魏納八城。復伐魏，又割溫以和。						
丁亥，四十有一年。					魏復與齊合從，秦伐魏，拔四城。		
戊子，四十有二年。	秦救韓，敗趙、魏之師，斬首十五萬。魏割南陽以和。						韓釐王卒，桓惠王立，在位三十四年。
己丑，四十有三年。	秦置南陽郡。		楚太子完爲質于秦卒，○秦將伐楚，楚使黃歇說秦，復使歇侍太子質于秦。	燕惠王卒，武成王立，在位十四年。			韓桓惠王初年。
庚寅，四十有四年。				燕武成王初年。			
辛卯，四十有五年。	秦滅義渠○義渠滅，而中國無戎矣。以范雎爲客卿。					秦來伐，趙奢擊却之，封奢爲馬服軍。	

	秦	齊	楚	燕	魏	趙	韓
壬辰，四十有六年。							
癸巳，四十有七年。							
甲午，四十有八年。	秦太子置于魏而卒。						
乙未，四十有九年。	秦君廢，其母不治事，逐魏冉、羋戎、公子市、公子悝，以范睢爲丞相，封應侯。					趙以公子勝爲相。惠文王卒，孝成王立，在位二十一年。	
丙申，五十年。	秦君母羋氏以憂卒。	齊君法章卒，子建立。國事皆決于其母太史氏○在位四十四年。				趙孝成王初年。	
丁酉，五十有一年。	秦伐韓，拔九城，斬首五萬。	齊王建初年。					
戊戌，五十有二年。	秦白起伐韓，取南陽，攻絕太行道。		楚太子完自秦逃歸。楚君横卒，完立，是爲				

	己亥，五十有三年。	庚子，五十有四年。	辛丑，五十有五年。	壬寅，五十有六年。	癸卯，五十有七年。	甲辰，五十有八年。
			秦白起破趙長平，殺卒四十萬。	秦攻趙、韓，趙又割地以和。		秦殺白起。秦太子之子異人自趙逃歸〇太子即孝文柱也。
考烈王在位二十五年。以黃歇爲相，封春申君。	楚考烈王初年。					
					燕武成王卒，孝王立，在位三年。	燕孝王初年。
						魏公子無忌大破秦軍于邯鄲下。
			趙使趙括代廉頗將，白起殺括，坑卒四十萬。	秦誘執趙公子勝，既而歸之。		

秦	其妃華陽夫人無子，夏姬生子異人質于趙。秦數伐趙，趙不禮焉，因不得意。趙陽翟、大賈呂不韋見曰：『此奇貨可居也。』乃與異人謀入秦見太子妃華陽夫人，求立爲後。夫人言于太子，許爲嗣，更名楚。不韋歸趙，娶邯鄲姬，有妊，獻于楚。期年，生子即政也。于是，楚自趙逃歸，遂得立。及楚薨，政遂立焉。
齊	
楚	
燕	
魏	
趙	
韓	

乙巳，五十有九年，秦伐趙、韓，王命諸侯討之。秦遂入寇，王入秦，盡獻其地，歸而卒。

無統

按：周赧王五十九年乙巳，秦昭襄五十一年，楚考烈七年，燕孝王二年，魏安釐二十一年，趙孝成十年，韓桓惠十七年，齊王建九年也。是年，周亡而奉王號者，惟東周君。既而東周君與諸侯謀伐秦。秦莊襄使吕不韋帥師滅之，遷東周君于陽人聚，周乃絶祀。自赧王五十九年至始皇并天下之年，其間七雄并争，凡無統者二十四年。

謹按：司馬公《通鑑》『秦自丙午繼周，漢自高祖元年繼秦，晉自泰始元年繼魏，唐自武德元年繼隋。』《綱目》則『秦起于始皇帝并六國之後，漢起于滅楚之後，晉起于平吴之後，唐起于平群盜之後。』如隋，則《綱目》與《通鑑》同，起于開皇九年平陳之後，是謂之正統。《書法》云：『《通鑑》自是歲揭秦紀而大書之。』蓋周既亡而以秦繼也。而《綱目》至此，其于列國分注，何也？天下未一也。天下未一，秦仍列國耳。

必至于始皇二十六年秦并天下，始以正統例，大書之。此《綱目》所以大一統也。故曰：『統正于下而人道定矣。』漢、晉、唐初皆倣此。

七雄。

	秦	楚	燕	魏	趙	韓	齊
丙午。	秦昭襄王五十二年。○注：秦丞相范雎免。周民東亡，秦取其地寶器，遷西周公于憚孤之聚。	楚考烈王八年。○注：以荀况爲蘭陵令，遷魯于莒而取其地。	燕孝王三年。	魏安釐王二十二年。	趙孝成王十一年。	韓桓惠王十八年。	齊王建十年。
丁未。	五十三年。	九年。	燕王喜初年。	二十三年。○注：魏舉國聽令于秦。	十二年。	十九年。○注：韓入朝于秦。	十一年。

申戊。	五十四年，秦王郊，見上帝于雍。	十年，楚遷于鉅陽。	二年。	二十四年。	十三年。	二十年。	十二年。
己酉。	五十五年。	十一年。	三年。	二十五年，魏人殺衛君而立其弟，是爲元君。	十四年。	二十一年。	十三年。
庚戌。	五十六年，秋，秦王稷薨，太子柱立，韓哀經入弔祠○《書法》：『七國始書薨，周亡也。』周亡，《綱目》王七國則曷爲？不書崩，書薨，分王也。書薨足以異之矣。《綱目》不皆薨立六王，必有事而後書。惟秦悉書之，詳秦	十二年。	四年。	二十六年。	十五年，趙公子勝卒。	二十二年。	十四年。

		辛亥。	壬子。
秦	世也，自是秦有大事必書時若月。	秦孝文柱初年，冬十月，秦王柱薨，子楚立。	秦莊襄王楚初年，孝文王即位，三日而薨，子楚立。尊華陽夫人爲華陽太后，母夏姬爲夏太后。以呂不韋爲相國，封文信侯，滅東周，遷其君于陽人聚 ○東周
楚		十三年。	十四年，楚滅魯，遷其君于卞，爲家人，絕祀，是爲頃公。
燕		五年，燕伐齊，拔聊城。齊伐，取之。	六年。
魏		二十七年。	二十八年。
趙		十六年。	十七年。
韓		二十三年。	二十四年。
齊		十五年。	十六年。

	君與諸侯謀伐秦，秦使呂不韋滅之，遷東周君于陽人聚，周遂不祀。周比亡，凡有七邑。秦取韓滎陽、成皋，置三川郡。						
癸丑。	二年，秦伐赵取三十七城	十五年，楚黃歇徙封于吴。	七年。	二十九年。	十八年。	二十五年。	十七年。
甲寅。	三年，秦拔上黨諸城，置太原郡。五月，秦王薨，子政立。	十六年。	八年。	三十年，秦伐魏，魏長子無忌率五國之師敗之，追至函谷關而還。	十九年。	二十六年。	十八年。
乙卯。	秦王政初年，秦鑿涇水爲渠。	十七年。	九年。	三十一年。	二十年。	二十七年。	十九年。

	秦	楚	燕	魏	趙	韓	齊
丙辰。	二年。	十八年。	十年。	三十二年。	二十一年，趙王丹薨，子偃元立。	二十八年。	二十年。
丁巳。	三年，秦伐韓，取十二城。	十九年。	十一年。	三十三年，魏公子無忌卒。	趙悼襄王偃元初年，赵李牧伐燕，取武遂城。	二十九年。	二十一年。
戊午。	四年。	二十年。	十二年。	三十四年。	二年。	三十年。	二十二年。
己未。	五年，秦伐魏，取二十城，置東郡。	二十一年。	十三年。	魏景閔王增初年，秦來伐，拔二十城。	三年。	三十一年。	二十三年。
庚申。	六年，楚、趙、韓、魏、合從伐秦，至函谷，皆敗走。	二十二年，楚東徙壽春，命爲郢。	十四年。	二年。附：秦拔魏朝歌及衛濮陽，徙野王。	四年。	三十二年。	二十四年。

	辛酉。	壬戌。	癸亥。
	七年，秦伐魏取汲。	八年。	九年，秦王冠帶劍。秋九月，嫪毒作亂，伏誅。秦王遷太后于雍。
	二十三年。	二十四年。	二十五年，楚王完薨，太子悼立，爲幽王。李園殺黃歇。〇楚考烈王無子，李園進其妹于春申君。有娠，園使妹説春申君進于王。王召幸之，生男，立爲太子。園恐春申君泄其事，因刺殺春申君，以滅其口。
	十五年	十六年	十七年
王。	三年。	四年，魏與趙鄴。	五年
	五年。	六年。	七年。
	三十三年。	三十四年。	三十五年韓王安初年。
	二十五年。	二十六年。	二十七年。

	甲子。	乙丑。	丙寅。
秦	十年，冬十月，秦相國曰：『不韋以罪免，出就國。』大索逐客。客卿李斯上書，召復故官。	十一年。	十二年，呂不韋徙蜀自殺。
楚	楚幽王悼初年。	二年。	三年。
燕	十八年。	十九年。	二十年。
魏	六年。	七年。	八年。
趙	八年。	九年，趙王偃薨，子遷立〇遷之母娼也。嬖于悼襄王，王廢子嘉而立之，遷以無行聞于國。	趙幽王遷初年。
韓	二年。	三年。	四年。
齊	二十八年，齊趙入秦置酒，讒媚敵也。	二十九年。	三十年。

丁卯。	十三年。	四年。	二十一年。	九年。	二年。	五年。	三十一年。
戊辰。	十四年。	五年。	二十二年。	十年。	三年。	六年，韓虔使稱藩于秦。	三十二年。
己巳。	十五年。	六年。	二十三年，燕太子丹自秦亡歸。○初，太子丹嘗質于趙，與秦王善。及秦王即位，丹質于秦。秦王不禮，丹怒歸。	十一年。	四年。	七年。	三十三年。
庚午。	十六年，代地震坼。	七年。	二十四年。	十二年。	五年。	八年，韓獻南陽地于秦。	三十四年。
辛未。	十七年，秦滅韓，虜王安，置潁川郡。	八年。	二十五年。	十三年。	六年。	九年，秦滅韓，韓亡。	三十五年。
壬申。	十八年。	九年。	二十六年。	十四年。	七年。		三十六年。

	（續前）	癸酉。		甲戌。
秦		十九年。	秦滅趙，虜趙王遷。秦王如邯鄲。	二十年。
楚		十年。	楚王薨，弟郝立三月，郝庶兄負芻殺之，自立。〇按：春申君進李園妹爲考烈王后，生太子悍，立爲幽王。幽本春申子也。釁熊之祀陰絶十年，而幽王死。同母弟郝立，是爲哀王。此真考烈子也，在位三月，庶兄負芻弒而代之。	楚王負芻初年。
燕		二十七年。		二十八年。
魏		十五年。		魏王假初年。
趙	秦伐趙，趙殺其大將軍李牧。	八年。	秦滅趙，趙亡。趙公子嘉自立，爲代王，與燕兵合軍上谷。	代王嘉初年。
韓				
齊		三十七年。		三十八年。

	乙亥。	丙子。	丁丑。	戊寅。	己卯。
	二十一年，冬十月，秦拔薊。	二十二年，秦王賁伐魏，引河溝以灌其城○賁，翦之子也。	二十三年。	二十四年，秦滅楚，虜王負芻置楚郡。	二十五年，秦王賁滅燕，虜王喜。還滅代，
	二年。	三年。	四年。	五年，秦滅楚，虜王負芻，楚亡。	
燕太子丹使盜劫秦王，不克，秦遂擊破燕、代兵，圍薊。	二十九年，秦拔薊，燕王走遼東，斬太子丹，以獻于秦。	三十年。	三十一年。	三十二年。	三十三年，秦滅燕，虜王喜，燕亡。
	二年。	三年，秦王賁滅魏，魏王假降，殺之，魏亡。			
	二年。	三年。	四年。	五年。	六年，秦滅代，虜王嘉，代亡。
	三十九年。	四十年。	四十一年。	四十二年。	四十三年。

虜王嘉。王賁至江南，降百越，置會稽郡。五月，天下大酺。

秦始皇帝，嬴姓，都關中，今陝西咸陽縣，凡二傳共二十五年。

秦、隋《綱目》均以正統予之，因其皆爲一統也。然皆以不仁得天下，享國俱不及三世，特周與漢、漢與唐之過峽耳。觀太史公《年表》，秦雖并天下，仍附之六國。隋雖并江南，李延壽猶列之《北史》。不少分别，均不得與于五德之數。先儒以爲閏位，故曰閏統。

辰庚，二十六年，王賁襲齊，齊王建降，遂滅齊。　王初并天下，更號皇帝。追尊莊襄王爲太上皇。定爲水德，以十月爲歲首。○注：孔子曰：『行夏之時』，以商之建丑、周之建子猶不可用，况以十月爲歲首乎？然不得不書之以著其失。

分天下爲三十六郡。築宮咸陽北阪上。

辛巳，二十七年，帝巡隴西北地至雞頭山。過回中。○注：回中，宮名。治馳道于天下。

壬午，二十八年，帝東巡上鄒嶧山，立石頌功業，封泰山立石，下禪梁父，遂登瑯琊立石。遣徐市入海求神仙，渡淮浮江至南郡而還。

癸未，二十九年，帝東遊至陽武，韓人張良

狙擊，誤中副車。令天下大索十日，不得，遂登之①罘，刻石而還。

甲申，三十年。

乙酉，三十一年。

丙戌，三十二年，帝東巡刻碣石，門壞城郭決堤防。巡北邊，還將軍蒙恬伐匈奴。〇注：因盧生有『亡秦者胡』之説也。

丁亥，三十三年，略取南越地，置桂林、南海、象郡，以謫徙民五十萬戍之。

①之，應作芝。

蒙恬斥逐匈奴，收河南地，築長城。彗星見。

戊子，三十四年，燒《詩》《書》百家語。

己丑，三十五年，營朝宫作前殿阿房。阬諸生四百六十餘人，使長子扶蘇監蒙恬軍。

庚寅，三十六年，隕石東郡。

○注：或刻之曰：『始皇死而地分』。

辛卯，三十七年，冬十月，帝東巡至雲夢，祀虞舜。上會稽，祭大禹，立石頌德。

秋七月，至沙邱，崩。丞相李斯、宦者趙高矯遺詔，立少子胡亥爲太子，殺扶蘇。蒙恬還。至咸陽，胡亥襲位，九月葬驪山。

二世皇帝，○注：始皇次子名胡亥，在位三年。壬辰，元年。冬十月，大赦。春，帝東行到碣石

按：秦本戎翟，自非子以善養馬受地于孝王之朝邑。之秦爲附庸，雖秦仲爲大夫，襄公爲諸侯，任好伯西戎而春秋未嘗予之。及春秋變爲戰國，周室日衰，七雄并争，而天下之大統，一旦而歸于秦。豈非天命哉？然暴戾爲政，仁義不施，不二世而遽滅。凡五年間，而萬世帝王之業盡爲漢有。先儒有言：『秦爲周、漢之閏位，隋爲漢、唐之閏位。』不其然哉！

讀太史公《秦楚之際月表》，是自秦二世元年楚隱王陳涉起，至西楚項羽亡，凡五年也。因其間天下未定，參錯變易，不可以年紀，故别其月而表之。夫陳涉起陳，凡六閲月；武臣起趙，凡四閲月，系以月而不年，是矣。而其中有四十八月、三十八月者，何以不年？其時統無所屬，不得以『正』『元』起數，則直曰『一月』『二月』云爾。

并海南，至會稽而還。夏四月，殺諸公子、公主。復作阿房宮。

秋七月。

按，《古公緘鼎銘》云『惟十有四月』，《戍命尊》云『十九月。』《管子》書『二十四月』『二十八月』。書法古有是例，非始于龍門也。

建國，謂仗義自王或相王者。

楚	項	趙	齊	漢	燕	魏	韓
楚隱王陳勝。	楚將項梁。	趙王武臣。	齊王田儋。	漢沛公劉邦。	燕王韓廣。	魏王咎。	
楚人陳勝始起兵于蘄，自立爲楚王。○勝，陽城人，字涉，少與人傭耕，即有富貴志。會二世發閭左戍漁陽者九百人，屯大澤鄉，勝與陽夏吴廣爲屯長。會大雨，失期，法皆斬。勝、廣乃殺將							

		八月。
楚	尉許稱扶蘇、項燕，爲壇而盟。攻大澤、攻蘄。比至陳，卒數萬人據之，號大楚。大梁張耳、陳餘謁之，陳大喜，遂自立爲楚王。遣諸將徇趙、魏，以武臣徇趙，周市徇魏。以周文爲將軍，擊秦。秦遣章邯拒之，楚軍敗走。	二月，葛嬰爲陳涉拘九江，立襄彊爲楚王。
項		
趙	楚將武臣至趙，自立爲趙王，始。	武臣，陳勝所善之，陳人也。勝以臣爲將軍，張耳、陳餘爲校尉，徇趙。耳、餘乃說武臣自
齊		
漢		
燕		
魏		
韓		

九月，廢衛君角爲庶人。○注：初，秦并天下而衛獨存。至是，二世廢之。衛遂絶嗣。

三月，楚將周文兵入秦，至戲下，敗走。葛嬰聞涉至，即殺襄彊。

項梁起兵于吳，號武信君。梁，下相人，楚將項燕子也。常殺人，與兄子籍避仇吳中。籍字羽，力能扛鼎，才器過人。會稽守殷通欲應陳涉，使籍斬通，自爲會稽守，舉吳中兵，得精兵八千人。以籍爲裨將，時年二十四。

立爲趙王。因不西兵，而使韓廣略燕、李良略常山、張黶略上黨。

二月。

齊人田儋自立爲齊王。儋，故齊王族也。因周市徇地至狄，儋殺狄令，自立爲齊王。擊市，走之，東略定齊地。田榮、田横皆儋從弟。

楚人劉邦起兵于沛，自立爲沛公。邦，字季，沛人，狀貌異人，有大度。初爲泗上亭長，爲縣送徒囚。徒多道亡，盡解縱之，亡匿芒碭山中。因陳涉之難，沛父老迎立季爲沛公。沛吏蕭何、曹參輔之。

韓廣爲趙將，略地至薊，自立爲燕王始。韓廣至燕，燕豪傑欲立以爲王。廣曰：『不可。』廣母在趙。燕人曰：『趙安敢害將軍家乎？』廣乃立，居數月，趙奉其母歸之。

楚將周市立魏公子咎爲魏王而相之。楚王勝使將周市徇魏，市定魏地。諸侯欲立之，市不肯，必立魏王後乃可。乃迎魏公子寧陵君咎于陳，五反而後，楚①王遣之，乃立以爲王而相之。

①楚，應爲陳。

	癸巳，二年，冬十月，圍沛公于豐，沛公出戰，破之。	十一月。	十二月，秦益遣兵擊楚，臘月，楚莊賈弑其君勝以降。
楚	四月，誅殺葛嬰。	五月，周文死。田臧殺吴廣。	六月，楚莊賈弑其君勝以降秦。吕臣討賈殺之，復以陳爲楚。賈，楚王御。吕臣勝，故涓人爲蒼頭軍[1]者也。
項	二月。	三月。	四月。
趙	三月。	四月，趙將李良弑其君武臣。張耳、陳餘走。	五月。
齊	二月。	三月。	四月。
漢	二月，秦圍沛公于豐，沛公出戰，破之。沛公既破秦軍，令雍齒守豐而之薛，齒降魏。	三月。	四月，雍齒叛沛公，以豐降魏。沛公還，攻豐不能下。
燕	二月。	三月。	四月。
魏	二月。	三月。	四月。
韓			

①秦末農民起義軍之一。陳勝失敗後，將軍吕臣在新陽（今河南汝南）組織『蒼頭軍』，收復陳縣（今河南淮陽），殺死謀害陳勝的叛徒莊賈。後與項梁領導的起義軍合并。

	端月。○注：二世二年正月也。秦諱正，故謂之端。	二月。	三月。	四月。	五月。
陳涉死。	秦嘉立，景駒爲楚王○嘉，廣陵人。景駒，楚族景氏。	二月。	三月。	四月，項梁擊殺嘉，景駒走死，梁入薛。	五月。
	五月，涉將召平①聞陳王敗，矯拜項梁爲上柱國②。西擊秦，梁乃以八千人渡江而西。	六月，項梁渡江，陳嬰、瓊布皆屬焉。	七月。	八月。	九月。
	趙將張耳、陳餘求趙王，後歇，立之，居信都。	二月。	三月。	四月。	五月。
	五月。	六月。	七月。	八月。	九月。
	五月，沛公聞景駒王在留，往從之。得張良以爲廄將。	六月。	七月。	八月，沛公入薛见项梁，梁益沛公卒五千，遂拔豐。	九月。
	五月。	六月。	七月。	八月。	九月。
	五月，秦章邯擊魏，圍臨濟。	六月。	七月。	八月，臨濟急，周市如齊，楚請救。章邯大破之，殺齊王儋及周市。	九月。

①召平：陳勝部將。②柱國：楚國武官名。

六月

七月，大霖雨，三月不見星。下右丞相馮去疾、左丞相李斯吏。去疾自殺，要斬李斯，夷三族，以趙高爲中丞相。

楚	楚懷王孫心立，爲楚懷王。梁立之，都盱眙。	二月。
項	十月，項梁求楚懷王孫心于民間，立爲楚王。	十一月。
趙	六月。	七月。
齊	十月，儋救臨濟，章邯殺田儋。儋之弟榮走東阿。	十一月，齊人立田假爲王。假，王建弟也。
漢	十月，沛公如薛，共立楚懷王。	十一月。
燕	十月。	十一月。
魏	十月，魏王咎自殺，臨濟降秦，咎弟豹亡走楚，楚子兵復徇魏地。	十一月。
韓	梁立韓公子成爲韓王。《索隱》曰：『項羽更王之，不使就封，數月殺之，立鄭昌爲韓王，降漢。漢封韓信爲王。』	二月。

八月。	九月。	後九月，章邯擊趙，圍趙王于鉅鹿。	甲午，三年，冬十月。
三月。	四月，楚徙都彭城。	五月，楚拜宋義爲上將軍，項羽爲次將軍，范增爲末將軍，以救趙。	六月。
十二月。	章邯大破楚軍于定陶，項梁死。楚懷王徙都彭城。	楚懷王封項羽于魯，爲次將軍，屬宋義北救趙。	二月。
八月。	九月。	十月，秦圍趙王歇于鉅鹿。	十一月，章邯失邯鄲，徙其民于河內。
齊王儋弟榮逐王假，立儋子市爲王而相之。	二月。	三月。	四月，齊將田都叛榮，往助項羽救趙。
十二月。	十三月，沛公聞項梁死，還軍，從懷王，軍于碭。	十四月，楚懷王封沛公爲武安侯，將碭郡兵西，約先至咸陽者王之。	十五月。
十二月。	十三月。	十四月。	十五月。
十二月。	楚立魏豹爲魏王，都平陽始。	二月。	三月。
三月。	四月。	五月。	六月。

	十一月。	十二月。	春正月。	二月。	三月。
楚	七月，楚拜項籍爲上將軍。	八月。	九月。	十月，攻破章邯。章邯軍却。	十一月。
項	三月，項羽矯殺宋義，將其兵渡河救鉅鹿。	四月，大破秦軍于鉅鹿下，諸侯將皆屬項羽。	五月，虜秦將王離。	六月。	七月。
趙	十二月。	十三月。	十四月，張耳怒陳餘，棄將印去。	十五月。	十六月。
齊	五月。	六月，故齊王建孫田安下濟北，從項羽救趙。	七月，項羽、田榮分齊地爲二國。	八月。	九月。
漢	十六月。	十七月。	十八月。	十九月，沛公擊昌邑，彭越以兵從。○彭越，昌邑人也。使酈食其說陳留，下之。	二十月，
燕	十六月。	十七月。	十八月。	十九月。	二十月。
魏	四月。	五月。	六月。	七月。	八月。
韓	七月。	八月。	九月。	十月。	十一月。

夏四月。

五月，趙高欲誅欣，欣恐，亡走，告章邯，謀叛秦。

六月。

七月。

	十二月。	二年，一月。	二月。	三月。
	八月，楚急攻章邯，邯恐，使長史欣歸秦請兵。趙高讓之。	九月。	十月，章邯與楚約降未定，項羽許而擊之。	十一月。
	十七月。	十八月。	十九月，張耳從楚西入關。	二十月。
	十月。	十一月。	十二月。	十三月。
攻開封，破秦將楊熊。熊走咸陽，秦斬楊熊以徇。	二十一月，攻潁川，略南陽。	二十二月。	二十三月。	二十四月。
	二十一月。	二十二月。	二十三月。	二十四月。
	九月。	十月。	十一月。	十二月。
	十二月。	十三月。	十四月。	十五月。

八月，趙高弒帝于望夷宮，立子嬰爲王。○注：宮在涇陽縣東南八里，以望北夷爲名。

九月，子嬰討殺趙高，夷三族。

乙未，三年，冬十月。

楚		四月。	五月。	六月。
項	項羽與章邯期殷虛。章邯等已降，與盟，以邯爲雍王。	十二月，以秦降都尉翳、長史欣爲上將，將秦降軍。	十三月。	十四月。
趙		二十一月，趙王歇留國。陳餘亡居南皮。	二十二月。	二十三月。
齊		十四月。	十五月。	十六月。
漢	南陽守齮降。	二十五月，沛公入武關，趙高弒其君于望夷宮，立子嬰。	二十六月。	二十七月，漢元年，秦王子嬰奉符璽降。沛公入破咸陽。還軍霸上，待諸侯
燕		二十五月。	二十六月。	二十七月。
魏		十三月。	十四月。	十五月。
韓		十六	十七	十八

约。

乙未十月，乃沛公入秦之初，猶未有漢也。太史公《表》漢元年于此，又二月，項羽入秦，又一月，始尊懷王爲義帝。元年，而沛公始王漢中，都南鄭。前後似相牴牾，非也。天下不可一日無主，故秦亡即進漢，以明有統，此太史公微意在筆墨蹊徑之外者，故《綱鑑》亦于此書『漢元年』以繼秦也。但史以紀實，是時，主命分王者西楚也。挾義帝以爲名，雖屬空名，不得不以其名奉之。故《表》『漢于十八王之中』紀事之實也。及義帝被弑，項羽與漢尚中分天下爲二。天下爲二，即不得謂之一統。故《綱目》必于漢平楚之後，乃大書。即皇帝位，是之謂正統。

十一月。	七月。	十五月，項羽詐坑殺秦降卒二十萬人于新安。	二十四月。	十七月。	二十八月，沛公出令三章，秦民大悅。	二十八月。	十六月。	十九月。
十二月。	八月。	十六月，項羽至關中，誅秦王子嬰，屠咸陽，掘始皇冢，大掠而東，分天下。	二十五月，分趙爲代國。	十八月，羽怒，榮叛，分齊爲三國。《索隱》曰：『臨淄、濟北、膠東。』	二十九月漢與項羽有隙，見之戲下，講解。羽倍約，分關中爲四國。	二十九月，臧荼從入，分燕爲二國。《索隱》曰：『燕，遼東也。』	十七月，分魏爲殷國。	二十月，分韓爲河南。

春正月。

立諸侯。	九月，項羽尊。
	十七月，項羽自立爲西楚伯王，分王諸將。楚分爲四。
	二十六月，更名爲常山。
	十九月，更名爲臨淄。更名爲濟北。更名爲膠東。
《索隱》曰：「漢 雍 塞 翟。」	正月，分關中爲漢，分關中爲雍，分關中爲塞，分關中爲翟。
	三十月，燕分爲東遼。
	十八月，更爲西魏，更爲分殷。
	二十一月，韓分爲河南。

二月。

		楚懷王爲義帝,徙都郴州。
項	項	項羽自立爲西楚霸
衡山	衡山	立故番君吴芮爲衡
臨江	臨江	立故楚柱國共敖爲
九江	九江	立故楚將英布爲九
常山	常山	立故楚將張耳爲常
代	代	二十七。徙故趙王歇王代爲
齊	齊	徙故齊將田都爲齊
濟北	濟北	立故齊將田安爲濟
膠東	膠東	二十月。徙故齊王田市爲膠
漢	漢	分封年月。立沛公爲漢王,王巴
雍	雍	立故秦將章邯爲雍
塞	塞	立故秦將司馬欣爲
翟	翟	立故秦將董翳爲翟
燕	燕	立故燕將臧荼爲燕
遼東	遼東	三十一。徙故燕王韓廣爲遼
西魏	西魏	十九。徙故魏王魏豹爲西
殷	殷	立故趙將司馬卬爲
韓	韓	二十二。立韓王成爲韓王,都
河南	河南	立故楚將申陽爲河

王,王梁,楚地,都彭城,今南直徐州。
山王,都邾,今黃州府黃岡、黃安等縣。
臨江王,都江陵,今荊州府附郭縣。
江王,都六,今廬州府舒城,有六城。
山王,王趙地,都襄國,今順德府邢臺縣。
代王,今大同府蔚州治是。
王,都臨淄,故齊都也。
北王,都博陽,今山東長清縣廢盧縣。或
東王,都即墨,在山東平度州東。
蜀、漢中,都南鄭,今漢中府附郭縣。
王,咸陽以西,都廢邱,即犬邱。
塞王,王咸陽以東,至河都櫟陽。
王,王上郡,都高奴,今延安府廢金明城
王,都薊,故燕都也。
東王,都無終,今北直薊州玉田縣。
魏王,王河東,都平陽。
殷王,王河內,都朝歌。
陽翟,韓故都。
南王,都洛陽。

		三月。	夏四月。
			諸侯罷戲下兵,皆
項		二月。	三月。
衡山		二月。	三月。
臨江		二月。	三月。
九江		二月。	三月。
常山		二月。	三月。
代		二十八。	二十九。
齊		二月。	三月。
濟北	曰,當作博陵。	二月。	三月。
膠東		二十一。	二十二。
漢		三月。	四月,漢以蕭何爲丞相。
雍		二月。	三月。
塞		二月。	三月。
翟	是。	二月。	三月。
燕		二月。	三月。
遼東		三十二。	三十三。
西魏		二十。	二十一。
殷		二月。	三月。
韓		二十三。	二十四。
河南		二月。	三月。

	五月。	六月。
之國。		
	四月。	五月。
	四月。	五月。
	四月。	五月。
	四月。	五月。
	四月。	五月。
	十三月。	三十一。
	四月,齊田榮擊都,都降楚。	五月。
	四月。	五月。
	二十三。	二十四。
遣張良歸韓。	五月。	六月。
	四月。	五月。
	四月。	五月。
	四月。	五月。
	四月。	五月。
	三十四。	三十五。
	二十二。	二十三。
	四月。	五月。
	二十五。	二十六。
	四月。	五月。

秋七月。

項	六月。	
衡山	六月。	
臨江	六月。	
九江	六月。	
常山	六月。	
代	三十二。	
齊	二月。	齊故相田榮自立爲齊王。
濟北	六月，田榮使彭	
膠東	屬齊。	田榮殺膠東王市。
漢	七月，以韓信爲	
雍	六月。	
塞	六月。	
翟	六月。	
燕	六月。	
遼東	三十六。	
西魏	二十四。	
殷	六月	
韓	二十七，項羽誅韓	
河南	六月。	

八月。

七月。	
七月。	
七月。	
七月。	
七月。	
三十三。	
三月。	
七月,屬齊。	越殺濟北王安,又擊破西楚軍。
八月,還定	大將,留蕭何給軍食。
七月,邯守	
七月,塞王	
七月,翟王	
七月。	
三十七,臧荼	
二十五。	
七月。	
二十八,西楚	王成。張良復歸漢。
七月。	

九月。

項		八月。
衡山		八月。
臨江		八月。
九江		八月。
常山		八月。
代		三十四。
齊		四月。
濟北		
膠東		
漢	三秦。	九月還定三秦,雍王邯。
雍	廢邱,漢圍之。	八月。
塞	欣降漢。	屬漢爲河南上郡。
翟	翳降漢。	屬漢爲上郡。
燕		八月。
遼東	弒遼東王廣,滅之。	屬燕。
西魏		二十六。
殷		八月。
韓	立鄭昌爲韓王。	二月。
河南		八月。

丙申，冬十月。	
西楚項籍殺義帝于江中。	
九月。	
九月。	
九月。	
九月。	
九月，張耳降漢。	
三十五歇復王。趙歇以陳餘爲代王。	
五月。	
二年十月，漢王如陝，鎮撫關外父老。	迎戰，敗走。
九月。	
九月。	
二十七。	
九月。	
三月，韓王昌降漢。	
九月，河南王陽降漢。	

	十一月。	十二月。
項	十月。	十一月。
衡山	十月。	十一月。
臨江	十月。	十一月。
九江	十月。	十一月。
常山		二月。
代	三十六。	三十七,歇以陳
齊	六月。	十一月。
濟北		
膠東		
漢	十一月,韓王還,都櫟陽。	十二月。
雍	十月。	十一月。
塞		
翟		
燕	十月。	十一月。
遼東		
西魏	二十八。	二十九。
殷	十月。	十一月。
韓	漢立韓王孫信爲韓王。	二月。
河南	屬漢,爲河南郡。	

春正月。	
	十二月。
	十二月。
	十二月。
	十二月。
	三月。
餘爲代王，號成安君。	三十八。
	八月，項籍擊齊王榮。
	正月。
	十二月。
	十二月。
	三十月。
	十二月。
	三月。

二月。

項	二年一月。	
衡山	二年一月。	
臨江	十三。	
九江	二年一月。	
常山		
代	三十九。	
齊		敗走,死。籍復立故齊王田假爲齊王。
濟北		
膠東		
漢	二月。	
雍	二年一月。	
塞		
翟		
燕	二年一月。	
遼東		
西魏	三十一。	
殷	十三。	
韓	四月。	
河南		

三月。

二月。

二月。

十四月。

二月。

四月。

四二月。

二月。

三月,王擊殷○王至洛陽爲義帝發喪,告

二月。

二月。

三十二,魏王豹降漢,爲廢王。

十四月,殷王卬降漢。

五月。

	夏四月。	
項	三月,項羽以兵三萬破漢軍	
衡山	三月。	
臨江	十五月。	
九江	三月。	
常山	五月。	
代	四十一。	
齊	三月,齊王榮弟橫立榮之子廣	
濟北		
膠東		
漢	四月,王伐楚,至彭城,項籍還。	諸侯,討項籍。
雍	三月。	
塞		
翟		
燕	三月。	
遼東		
西魏	三十三從漢伐楚。	
殷	屬漢,爲河内郡。	
韓	六月,從漢伐楚。	
河南		

五月。

。月四	。萬六十五
。月四	
。月六十	
。月四	
。月六	
。二十四	
。月二	。之走,假王擊,王爲
。陽榮走王,月五	。歸后呂公太漢以,軍漢破
。月四	
。月四	
。漢叛,歸豹,四十三	
。月七	

	六月。
項	五月。
衡山	五月。
臨江	十七月。
九江	五月。
常山	七月。
代	四十三。
齊	三月。
濟北	
膠東	
漢	六月,王還櫟陽,立子盈爲太子,復如滎陽。
雍	五月,漢圍廢邱,章邯自殺,盡定雍地。
塞	
翟	
燕	五月。
遼東	
西魏	三十五。
殷	
韓	八月。
河南	

秋七月。

八月。

六月。	七月。
六月。	七月。
十八月。	十九月。
六月。	七月。
八月。	九月。
四十四。	四十五。
四月。	五月。
七月。	八月,命蕭何守關中,立宗廟社稷。
屬漢。	
六月。	七月。
三十六。	三十七。
九月。	十月。

	九月。	後九月。
項	八月。	九月。
衡山	八月。	九月。
臨江	二十月。	二十一。
九江	八月。	九月。
常山	十月。	十一月。
代	四十六。	四十七。
齊	六月。	七月。
濟北		
膠東		
漢	九月,漢將韓信擊魏,虜豹,遂北擊趙代。	九月。
雍		
塞		
翟		
燕	八月。	九月。
遼東		
西魏	三十八,漢將韓信擊魏,虜魏王豹。	
殷		
韓	十一月。	十二月。
河南		

	丁酉,冬十月,晦,日食。
	十月。
	十月。
	二十二。
	十月。
	十二月,漢將韓信斬代。
	四十八,漢將韓信滅趙。
	八月。
徐廣曰應閏建巳。	三年十月。
	十月。
屬漢,爲河東上黨郡。	
	二年一月。

		十一月，晦，日食。	十二月。
項		十一月。	十二月。
衡山		十一月。	十二月。
臨江		二十三。	二十四。
九江		十一月。	十二月，布身降漢地。
常山	王餘。	十三月，屬漢，爲太原郡。	
代	王歇。	屬漢，爲郡。	
齊		九月。	十月。
濟北			
膠東			
漢		十一月。	十二月，王遣酈食其
雍			
塞			
翟			
燕		十一月。	十二月。
遼東			
西魏			
殷			
韓		二月。	三月。
河南			

春正月。

二月。

三月。

夏四月。

	三年一月。	二月。	三月。	四月。
	三年一月。	二月。	三月。	四月。
	二十五。	二十六。	二十七。	二十八。
屬項籍。				
	十一月。	十二月。	十三月。	十四月。
立六國後,未行而罷。	正月。	二月。	三月。	四月。
	三年一月。	二月。	三月。	四月。
	四月。	五月。	六月。	七月。

五月。

項	五月。	圍韓王于滎陽,亞父范增死。
衡山	五月。	
臨江	二十九。	
九江		
常山		
代		
齊	十五月。	
濟北		
膠東		
漢	五月,王走,入	楚圍王于滎陽。
雍		
塞		
翟		
燕	五月。	
遼東		
西魏		
殷		
韓	八月。	
河南		

關。彭越擊楚。楚還兵擊之,王復軍成皋。

	六月。
項	六月。
衡山	六月。
臨江	三十月。
九江	
常山	
代	
齊	十六月。
濟北	
膠東	
漢	六月,楚破彭越,還拔滎陽及成皋,王走,渡
雍	
塞	
翟	
燕	六月。
遼東	
西魏	
殷	
韓	九月。
河南	

秋七月，有星孛于大角。

八月。

	七月。	八月。
	七月。	八月。
	三十一，王共敖薨。	
	十七月。	十八月。
河，奪韓信軍，遣信擊齊。	七月，王出滎陽。	八月。
	七月。	八月。
	十月。	十一月。

九月。

項	九月。	
衡山	九月。	
臨江	二月。	臨江王驩立，敖之子。
九江		
常山		
代		
齊	十九月，漢王遣	
濟北		
膠東		
漢	九月。	王軍小脩武，遣人燒楚積聚。
雍		
塞		
翟		
燕	九月。	
遼東		
西魏		
殷		
韓	十二月。	
河南		

戊戌,冬十月。

十一月。

十一月。	十月。	
十一月。	十月。	
四月。	三月。	
二十一,漢	二十月,齊烹酈食其。	酈食其說齊,下之。
十一月,王	四年十月。	
十一月。	十月。	
二月。	三年一月。	

項	
衡山	
臨江	
九江	
常山	立張耳爲趙王。
代	
齊	韓信擊虜齊王廣。田横自立爲齊王。
濟北	
膠東	
漢	復取成皋與楚。皆軍廣武。王還櫟陽,復
雍	
塞	
翟	
燕	
遼東	
西魏	
殷	
韓	
河南	

十二月。

春正月。

二月。

	十二月。	四年一月。	二月。
	十二月。	四年一月。	二月。
	五月。	六月。	七月。
	二月。	三月。	四月。
戰敗走信,遂定齊地。			韓信
如廣武。	十二月。	正月。	二月,立韓
	十二月。	四年一月。	二月。
	三月。	四月。	五月。

		三月。	夏四月。	五月。
項		三月。	四月。	五月。
衡山		三月。	四月。	五月。
臨江		八月。	九月。	十月。
九江				
常山		五月。	六月。	七月。
代				
齊	立爲齊王。	二月。	三月。	四月。
濟北				
膠東				
漢	信爲齊王。	三月。	四月，王出滎陽，豹死。	五月。
雍				
塞				
翟				
燕		三月。	四月。	五月。
遼東				
西魏				
殷				
韓		六月。	七月。	八月。
河南				

六月。

秋七月。

八月。

六月。	七月。	八月。
六月。	七月。	八月。
十一月。	十二月。	十三月。
	漢立英布爲淮南王。	二月。
八月。	九月。	十月。
五月。	六月。	七月。
六月。	七月,立英布爲淮南王。	八月,楚與漢
六月。	七月。	八月。
九月。	十月。	十一月。
二月。	二月。	

		九月。	己亥,冬十月。
項		九月。	十月。
衡山		九月。	十月。
臨江		十四月。	十五月。
九江		三月。	四月。
常山		十一月。	十二月。
代			
齊		八月。	九月。
濟北			
膠東			
漢	約,中分天下。	九月,太公、呂后歸自楚。	五年十月,王
雍			
塞			
翟			
燕		九月。	十月。
遼東			
西魏			
殷			
韓		十二月。	四年一月。
河南			

十一月。

十一月。	
十一月。	
十六月。	
五月。	
年月。	
十月。	
十一月,國起及	追項籍至固陵。齊王信,魏相。
十一月。	
二月。	

十二月。

項	十二月,漢圍籍	
衡山	十二月。	
臨江	十七月,漢虜驩。	
九江	六月。	
常山	二月。	
代		
齊	十一月,漢王馳	
濟北		
膠東		
漢	十二月,王圍籍	劉賈誘楚王殷,迎黥布,皆會
雍		
塞		
翟		
燕	十二月。	
遼東		
西魏		
殷		
韓	三月。	
河南		

垓下。籍走,自殺。

入齊王信壁,奪其軍,更立齊王信爲楚王。

垓下。籍走,自殺。楚地悉定。王還至定陶。

春正月。

項		
衡山	十二月,徙王長沙。	
臨江	屬漢,爲南郡。	
九江	七月,淮南國。	
常山	二月,趙國。	
代		
齊	十二月,徙王楚。楚屬漢。南四	
濟北		
膠東		
漢	正月,殺項籍,天下平,諸	馳入信壁,奪其軍。
雍		
塞		
翟		
燕	五年一月。	
遼東		
西魏	復置魏相。	
殷		
韓	四月,更以太原徙王代,	
河南	分臨江爲長沙王。	

郡。

漢屬臣侯。

都馬邑，王之都。

按：秦、楚之際，但表月者，以時無正統，不可以年紀，故但列其月而表之。太史公《表》義帝元年，以義帝爲諸國所共立也。班固《異姓諸侯王表》，冠漢元年，不書義帝，所以尊漢也。《綱目》合義帝、楚、漢及諸國共稱元年者，以諸國各自王，漢猶未一統也。例雖不一，義各有取，但斯時諸侯雖共立義帝，而義帝不成統。諸國雖各自王，受命者毫無區別，亦不見天心之有在。惟漢誅無道秦，約法三章，民大悦。民悦之，即天與之。可決其受命而有天下，故特表其年于十八王之中，以明大統有歸。其義甚嚴且正，但猶未一統。尚非大書紀年之時，所以班固《表》云：『據漢受命，譜十八王，月而列之，天下一統，乃以年數。』至西楚、衡山、九江等國，《表》中亦有紀年者，蓋即其就國之年而次第之，非所以表元年也。雖紀年亦與趙、齊、魏、韓諸國之積月而累計者等。

歷代統紀表卷之三

偃師段長基述　孫鼎鑰 鼎鈞 校刊

編年紀事	漢太祖高皇帝①，己亥，五年二月，即皇帝位。〇注：二月甲午，即位于汜水之陽。更王后曰皇后，王太子曰皇太子，追尊先媪曰昭靈夫人。帝西都洛陽。
同姓諸侯王	
異姓諸侯王	立故衡山王吴芮爲長沙王。〇注：吴芮，故衡山王，項羽奪其地，稱番君②。漢滅羽，更封爲長沙王，都臨湘，傳五世，無後，國除③。景帝立其子定王發爲長沙王。 立故粤王無諸爲閩粤王，都冶。〇注：閩東越，别名春秋七閩地，戰國越人所居，故稱閩越，秦立閩中
異國王	

①特指劉邦，漢太祖劉邦死後，群臣議定的廟號是『太祖』，謚號是『高皇帝』。後來泛指開國皇帝。②番（pó）君：番，破讀。指秦代番（pó）陽令吴芮。《漢書·吴芮傳》：『吴芮，秦時番陽令也，甚得江湖民心，號曰番君』。③商周以及秦時，國家採用郡國制，諸侯被分封到已定的位置，稱爲國，如果該國國王犯罪，皇帝剝奪他的封地，不允許他的後代繼承，就會廢掉他的國家。到秦漢時期，無郡國制，採用郡縣制，也有封地，子孫可以繼承，如果封地被廢，也沿用商周時代説法，叫國除，後來統一指古代因爲功勳獲得的爵位被廢除。

郡。漢興師，越人佐漢有功，復立無諸爲閩越王。王閩中故地，都治○今建安侯官二縣是其地。

夏五月，兵罷歸家。帝西都關中，以婁敬爲郎中，賜姓劉氏。

召故齊王横，未至，自殺。張良謝病①，辟穀②。長沙王吴芮卒，子成王臣嗣。

秋七月，故楚將利幾反，帝自將，擊破之。

燕王臧荼反。帝自將虜擊之，立盧綰爲燕王。○注：綰與上居同里，生同日，壯同遊，故時王之。綰爲燕王，仍都薊。高祖十一年，叛降③匈奴。十二年，以其地立子建爲王。吕后七年，國除，更以吕

①託病謝絶會客或自請辭職。②『辟穀』源自道家養生中的『不食五穀』，是古人常用的一種養生方式。它源於先秦，流行於唐朝，又稱却穀、去穀、絶穀、絶粒、却粒、休糧等。辟穀最早的記載源自《莊子·逍遥遊》：『藐姑射之山，有神人居焉。肌膚若冰雪，淖約若處子，不食五穀，吸風飲露。』③叛變投敵。

		通爲燕王。文帝元年，徙琅琊王劉澤爲燕王。元朔二年，國除。元狩六年，更立子旦爲燕王。趙王張耳卒，子敖嗣。○注：敖尚帝長女魯元公主。	
後九月，置長樂宮。			
庚子，六年，冬十二月，帝會諸侯于陳，執楚王信以歸。赦爲淮陰侯。始剖符①，分功臣爲徹侯。		楚王韓信，國除。○注：韓信初爲齊王，既滅楚，更立爲楚王，都下邳。至是，國除。	
春正月，以曹參爲齊相國。	立從兄賈爲荊王，都吳。	更以太原郡爲韓國，徙韓王信王②之。	

①剖符：或叫『剖竹』。封建時代的帝王在建國之後，就會封賞有功的諸侯將士，將符節剖分爲二，君臣各執一半，作爲信守的約證，叫做『剖符』。用銅或竹、木制成，上刻有字。　②破讀，wàng。

詔定元功位次。賜丞相蕭何劍履上殿，入朝不趨。

○注：分楚王信地，以淮東之故東陽郡、鄣郡、吳郡五十三縣，立從兄賈爲荊王，都吳。十一年，爲英布所滅，更以荊爲吳國。立兄仲之子濞爲吳王，都廣陵。

立弟交爲楚王，都彭城。○注：分楚王信地，以淮北之薛郡、東海、彭城三十六縣立弟交爲楚王，都彭城。立兄喜爲代王，都代。○注：初，韓王信封韓王。王故韓地，都陽翟。六年，更以太原雁門郡三十一縣爲韓國，徙都晉陽，信請

○注：上以信材武，所王皆天下勁兵處；乃以太原郡三十一縣爲韓國，徙信王之，以備胡，都晉陽。信以『國被邊，晉陽去塞遠，請治馬邑。』許之。

封雍齒爲什邡侯。

馬邑。是年，信降匈奴。帝以雲中、雁門、代郡五十三縣立兄喜爲代王，都代。七年，匈奴攻代。王棄國自歸，因改立子如意爲代王。八年，徙爲趙王。立子恒爲代王。兼有韓王故地，都晉陽，後徙中都。（今汾州介休縣）吕后薨，文帝入即位。二年，分代地，立子武爲代王，參爲太原王。至五年，徙武爲淮陽王，參爲代王，盡得故地。立子肥〇注：帝微時外婦之子。爲齊王，都臨菑。以曹參爲齊相。〇注：齊本韓信封國。信徙爲楚王，即以膠東、膠西、臨菑、濟北、博陽、城

夏五月，尊太公爲太上皇。秋，令博士叔孫通起朝儀。

辛丑，七年，冬十月，長樂宮成，朝賀置酒。帝自將，追討韓王信。被圍

陽郡凡七十三縣，立子肥爲齊王，都臨菑。文帝十六年，分齊爲六國，立悼惠王肥之諸子皆爲王。

匈奴寇邊，圍馬邑。韓王信叛，與連兵。

匈奴太子冒頓弑其父頭曼而自立。

匈奴單于頭曼有太子冒頓。後有少子。欲殺冒頓而立之。冒頓遂殺頭曼而自立。

平城七日乃解。〇注：用陳平計乃解。

十二月，帝還至趙。

春二月，帝至長安，始定徙都。

夏四月，帝如洛陽。

壬寅，八年。冬十二月，帝還宮。

癸卯，九年。冬十一月，徙齊、楚大族豪傑于關中。

春正月，

匈奴寇代。代王喜棄國自歸，立子如意爲代王。

徙代王如意爲趙

趙王敖廢。

遣劉敬①使匈奴，結和親。

①婁敬（生卒年不詳），後因劉邦賜姓改名劉敬，劉敬力陳都城不宜建洛陽而應在關中。建議與匈奴和親，并徙六國後裔和强宗豪族十餘萬人至關中。

王。以周昌爲趙相。○注：漢四年，封張耳爲趙王。王趙故地，都襄國。五年，子敖嗣。九年國除。帝以趙王張敖地，徙代王如意爲趙王，都邯鄲。惠帝元年，徙淮陽友爲趙王。呂后七年，又徙梁王恢爲趙王，未幾，國除，立呂禄爲趙王。文帝元年，封故趙幽王之子遂爲趙王。

夏六月，以蕭何爲相國。

甲辰，十年。夏五月，太上皇崩。

秋七月，葬萬年。令諸侯王國皆立廟。

九月，代相國陳豨反，帝自將，擊之。

乙巳，十一年冬，破豨軍。

春正月，后殺淮陰侯韓信，夷三族。帝還至洛陽。

二月，詔郡國，求遺賢。

立子恒爲代王。

立子恢爲梁王，都睢陽。○注：分梁王彭越地，又益以東郡地。立子恢爲梁王，都睢陽。呂后

韓信夷三族。韓王信伏誅。

梁王彭越廢，徙蜀。三月，殺之，夷三族，國除。○注：漢五年，封彭越爲梁王，王魏故

七年，徙恢爲趙王，以呂產爲梁王。明年，大臣徙呂后所名孝惠子濟川王太爲梁王。文帝二年，立子揖爲梁王。十一年，又徙淮陽武爲梁王。**立子友爲淮陽王，都陳。**○注：分梁王彭越地，又益以潁川郡地，立子友爲淮陽王，都陳。惠帝元年，徙友爲趙王。呂后元年，立所名孝惠子彊爲淮陽王。五年，改立所名孝惠子武爲淮陽王。文帝五年，徙代王武爲淮陽王。十一年，又徙武爲梁王，而淮陽爲郡。

地，都定陶。是年，反，誅之，國除。

夏四月，帝還宮。

五月，帝有疾。

秋七月，淮南王布反，帝自將擊之。

立故秦南海尉趙佗爲南越王。○注：南海秦郡名，趙佗南海郡龍川令，繼南海尉任囂行南海尉事。乘陳勝等作亂。移檄絶道，聚兵誅秦吏，自立爲南越武王。至是，詔立以爲南越王，使陸賈授璽綬，佗稱臣。秦漢約。

立子長爲淮南王。○注：英布故封九江王，漢因其故封，改爲淮南，仍都六。至是，布叛，討滅之，即以其地立子長爲淮南王，都壽春。文帝六年，罪廢。十

淮南王布反，帝自將擊之。布殺荊王賈，又敗楚軍，遂引兵西。

	丙午，十二年，冬十月，帝破布軍于蘄西，布亡走長沙。王臣誘而殺之。帝還過沛，復其民世世無有所與。○注：與，讀曰預。謂復除其賦役，世世無所干預。太尉用勃誅陳豨，定代地。 十一月，帝過魯，以太牢祠孔子。遂還宮。	
二年，徙城陽王喜爲淮南王。十六年，復以喜爲城陽王。乃分淮南爲三國，立淮南厲王長三子皆爲王。	立兄子濞，○注：喜之子喜劉仲。名爲吳王，都江都。○注：荊王賈爲英布所滅，更以荊爲吳國，立兄仲之子濞爲吳王。	
	長沙王臣誘殺英布。	

春二月。立子建爲燕王。○注：燕王盧綰謀反，遣樊噲擊之。綰亡入匈奴，立子建爲王。

燕王盧綰謀反，遣樊噲討之。立子建爲燕王。詔陳平斬樊噲，以周勃代將其軍。平傳噲詣長安。

夏四月，帝崩。盧綰亡入匈奴。

五月，葬長陵。○注：在西安府咸陽縣東三十五里。太子盈即位，尊皇后曰皇太后。令郡國立高廟。赦樊噲，復爵邑。

孝惠皇帝。○注：在位七年。

丁未，元年。

冬十二月，太后殺趙王如意。

○注：如意，戚夫人之子。

春正月，始城長安西北方。

戊申，二年，冬十月，

秋七月，相國酇侯蕭何卒。以曹參爲相國。

己酉，三年。春，城長安。

夏五月。

殺趙王如意。

徙淮陽王友爲趙王。注：是爲幽王。

齊王肥朝王。

酇侯蕭何卒。

○注：何病，帝問曰：『君百歲後誰可代君？』何曰：『知臣莫如主。』帝曰：『曹參何如？』何曰：『帝得之矣。臣死不恨。』

立閩越君搖爲東海王。○注：惠帝舉高帝時越功，又立搖爲

與匈奴和親。

庚戌，四年。冬十月，立皇后張氏。○注：帝姊魯元公主女也。

春三月，帝冠。帝生十五年矣。立原廟。○注：原，再也。先既立廟，今又立廟，故云。宜陽雨血。

辛亥，五年。冬雷，桃李華，棗實。

春正月，城長安。○注：高帝始都長安，實曰西京。六年，更名咸陽。曰長安。

東海王，都甌。今福州、温州是其地。

秋八月，相國平陽侯曹參卒。○注：諡曰懿。

九月，長安城成。○注：跨歷五年，然後畢事。書成，所以見其匆亟也。

壬子，六年。冬十月，以王陵爲右丞相，以陳平爲左丞相。○注：王陵，沛人。初聚黨居南陽。自漢王還定三秦，以兵屬焉。楚執其母，欲以招之，其母因使者語曰：『漢王，長者，終得天下，無以我故持二心。』遂伏劍死。

夏。

平陽侯曹參卒。

留侯張良卒。○注：諡文成。張良書卒，則子房托

以周勃爲太尉。

癸丑，七年。春正月朔，日食。

夏五月，日食既。

秋八月，帝崩。

九月，葬安陵。○注：今西安府咸陽縣東二十五里。太子即位。○注：初，太后命張皇后取他人子養之，而殺其母，以

齊王肥卒，哀王

薨嗣。

于神仙之説，昭然可見矣。

呂台、呂産將南北軍。○注：漢置南北軍于京師，所繫甚重。太后以二呂將之，則軍國大權已入呂氏掌握矣。

爲太子。至是，即位，未嘗書立爲太子也。俄而有太子者，即位而不知其名，所以著其非正統也。況天下不可一日無主。惠帝以八月書崩，而太子于九月既葬之後，乃始即位。至于曠月無君，則是呂后擅朝之禍，可勝言哉。

太后臨朝稱制。

賊篡。○注：孝惠既崩，呂后臨朝稱制，是爲無統也。呂后以無統之時，立他人之子，篡賊也。凡例曰，篡賊謂篡位，干統而不及傳世者也。

甲寅

呂后稱制。○注：按前書，太子即位，有所謂少帝賢，曷爲以高后之年紀之？少帝，他人之子，不欲以他人子亂正統也。夫《綱目》一統謂之『正統』，分統即謂無統。今呂后臨朝，蓋合於一，殆與東漢馬鄧[1]無異。初非戰國、南北朝、五代之比，胡爲亦以分注書之。蓋呂氏制朝，雖取他人之子立之，實非劉氏顯欲成其篡竊之謀。故《綱目》于此，以戰國、南北朝、五代例書之，以著其實，非正統且以示天下非常之變也。

冬十一月。

太后以王陵爲帝。太傅陳平爲右丞相，審食其爲左丞相。○注：《綱目》考異云：『按統系例曰篡賊。

①東漢明德馬皇后和熹鄧皇后的并稱。

夏四月。

謂簒位，干統而不及傳世者。』《注》曰：『如漢之呂后、王莽。』又曰，簒賊亦連書，但每歲首及有異事，即加其名。據王莽書名而是年歲首分注高皇后呂氏，則此當書太后呂氏。後凡歲首及有異事，各冠以呂氏，而削太后二字。

追尊父呂公爲宣王，兄澤爲悼武王。

封山朝武爲列侯，立疆爲淮陽王，不疑爲恒山王。○注：山朝武三侯名，五人，皆他人子。太后所名孝惠子也。○按：置五王于異姓者，所以著其皆他人子，且不知其爲何姓也。

立張偃爲魯王。○注：初置魯國。○張敖子，高后外孫也。立兄子台爲呂王。○注：割齊之濟南郡，立台爲王。

乙卯，冬十一月。

二年。

長沙哀王卒。恭王若嗣。

春正月。

武都山崩。

夏五月。

呂氏封齊王弟○注：提要作子。章爲朱虛侯令，入宿衛。

秋七月。

恒山王不疑卒，呂氏立山爲恒山王，

		更名義。○注：即太后所名孝惠子也。
丙辰，夏。	三年，江漢水溢。	
秋。	星晝見，伊、洛、汝水溢。	
丁巳，夏四月。	四年，廢少帝，幽殺之。	吕氏封女弟嬃爲臨光侯。○注：婦人封侯，終《綱目》一千三百六十二年，一而已。
五月。	立恒山王義爲帝，更名宏。	以朝爲恒山王。
戊午，春。	五年。	南越王佗反。

秋八月。			○注：因有司請南越關市鐵器之禁。 淮南王彊卒，呂氏立武爲淮陽王。
己未，冬十月。	六年。		呂氏廢呂王嘉○注：台子。立台弟產爲呂王。
春。	星晝見。		
庚申，冬十二月。	七年。		
春正月。	日食晝晦。	呂氏幽殺趙王友。	
二月。		呂氏徙梁王恢爲趙王。	呂王產爲梁王。
秋七月。		立太爲濟川王。○注：太后所名孝惠子也。封營陵侯澤爲琅	趙王恢自殺，呂氏立呂祿爲趙王。

九月。

琊王。○注：劉澤高祖從祖昆弟，其妻呂頽女也。趙王恢自殺。

燕王建卒，呂氏殺其子，國除。

辛酉，冬十月。

八年。

呂氏立呂通爲燕王。

夏。

江漢水溢。

秋七月。

太后崩。遺詔：呂產爲相國，祿女爲帝后，審食其爲帝太傅。

齊王襄○注：朱虛侯章之兄發兵討諸呂。相國產使大將軍灌嬰擊之。嬰留屯滎陽，與齊連和。九月，太尉勃、丞相平、

九月。

諸大臣迎立代王恒，後九月至，即位，誅呂后所名孝惠子宏等。

太宗孝文皇帝。〇注：高帝第三子名恒，在位二十三年，壽四十六歲。

壬戌，元年。冬十月，以陳平爲左丞相，周勃爲右丞相，灌嬰爲太尉。

春正月，立子啟爲皇太子。

朱虛侯章誅產、禄及諸呂，齊王、灌嬰兵皆罷。

徙琅琊王澤爲燕王，封趙幽王子遂爲趙王。

燕、趙國除。

御批：漢文帝即位之初，善政□□。顧有地震山崩之異，殆所謂天心仁愛而以時保之義耶。

也。

三月，立竇氏爲皇后。○注：太子母

夏四月，齊、楚地震，山崩，大水潰出。令四方毋來獻。

秋八月，右丞相勃免。○注：召河南守吴公爲廷尉，以賈誼爲大中大夫。

癸亥，二年，冬十月。丞相曲逆侯陳平卒。○注：謚曰獻。詔列侯之國。

楚王交卒，夷王郢嗣。○注：謚曰元。

齊哀王卒，文王則嗣。

燕王澤卒，康王嘉嗣。

封宋昌爲北武侯。○注：昌乃帝爲代王之中尉也，封爲侯，修代來功也。

越王佗稱臣奉貢。○注：帝遣大中大夫陸賈復使南越，賜佗書，佗復書，稱臣，去帝號。河南守吴公爲廷尉。賈誼爲大中大夫。

曲逆侯陳平卒。

十一月，以周勃爲丞相。

春正月，親耕籍田。

三月。

立趙幽王子辟彊爲河間王，朱虚侯章爲城陽王，東牟侯興居爲濟北王，子武爲代王，參爲太原王，揖爲梁王。

秋九月，賜天下今年田租之半。

○注：上書親耕籍田，此賜民間半租，帝之導民務本爲何如哉。

甲子，三年。

冬十月，晦，日食。

十一月，晦，又食。○注：《綱目》書，日食三百六十七，一歲再食者二十五，連月而食者二而已。漢初丁酉年是年。丞相絳侯勃免，就國。以灌嬰爲丞相，罷太尉官。

夏五月，帝如甘泉，遂如太原。

秋七月，帝還宮。以張釋之爲廷尉。○注：釋之，南陽堵陽人。

長沙恭王卒，靖王著嗣。淮南王長來朝，殺辟陽侯審食其。

濟北王興居反，遣大將柴武擊之。八月，興居兵敗，自殺。

絳侯周勃免，就國。

張釋之爲廷尉。

乙丑，四年。冬十月，丞相嬰卒。以張蒼爲丞相。		賈誼爲長沙王太傅。	
丙寅，五年。夏四月。	徙代王武爲淮陽王。		
丁卯，六年。冬十月。	淮南王長謀反，廢，徙蜀，道死。楚夷王郢卒，王戊嗣。以賈誼爲梁王太傅。	賈誼爲梁王太傅。	匈奴冒頓死，子老上單于立，復請和親。〇注：老上，單于號也，名稽粥，音雞育。
戊辰，七年。			
己巳，八年。			

夏，長星出東方。	封淮南厲王子安等四人爲列侯。	
庚午，九年。春，大旱。		
辛未，十年。冬。		將軍薄昭有罪，自殺。
壬申，十有一年。絳侯周勃卒。○注：謚曰武。	梁王揖卒。徙淮陽王武爲梁王。	絳侯周勃卒。
癸酉，十有二年。冬十二月，河決酸棗，東潰金隄，興卒塞之。○注：河決始此。		

甲戌，十有三年。夏五月，除肉刑。

六月，除田之租稅。○注：賜民半租已仁矣。于是，遂永除之，非帝儉約，國有餘蓄，能若是乎？

乙亥，十有四年。冬。

河間王辟彊卒，哀王福嗣，又卒。無後，國除。

匈奴入寇。遣兵擊之，出塞而還。

丙子，十有五年。春，黃龍見成紀。

夏四月。

帝如雍，始郊見五帝。

秋九月，作渭陽五帝廟。親策賢、良、能直言極諫者。以鼂錯爲中大夫。

丁丑，十有六年。夏四月，親祠之，○注：上郊祀渭陽五帝廟。詔更以明年爲元年。治汾陰廟。○注：聽新垣平之言也。人主即位，謂一爲元，古也。自魏罃與齊相王始以三十六年改元爲一年，君子非之。于是，帝即位十六年矣，惑于異端，復有此失。自是，景帝有中元、後元。武帝十一改元，滋紛紛矣。

分齊地，立悼惠子六人爲王。○注：齊王則薨，無子，國除。上乃分地，立悼惠王子將閭爲齊王，志爲濟北王，賢爲菑川王，雄渠爲膠東王，卬爲膠西王，辟光爲濟南王。分淮南地，立厲王子三人爲王。○注：安爲淮南王，勃

鼂錯爲中大夫。

以新垣平爲上大夫。

	爲衡山王，賜爲盧江王。		
戊寅，後元年。冬十月。		新垣平伏誅。	
己卯，二年。夏。			復與匈奴和親。
秋八月，丞相倉免，以申屠嘉爲相。			
庚辰，三年。春。			匈奴老上單于死，子軍臣單于立。
辛巳，四年。			
壬午，五年。			
癸未，六年。冬。			匈奴寇上郡、雲中。詔將军周亚夫屯

甲申，七年。夏六月，帝崩，遺詔短喪。葬霸陵。太子啟即位，尊皇太后曰太皇太后，皇后曰皇太后。

秋九月。

孝景皇帝。○注：文帝子名啟，在位十六年，壽四十八歲。乙酉，元年冬十月，尊高皇帝爲太祖，孝文皇帝爲太宗，令郡國立太宗廟。

長沙王著卒，無子，國除。○注：著，芮五世孫也。

兵以備之。

夏，復收民田半租，三十而稅一。以張歐爲廷尉。

丙戌，二年，冬十二月，有星孛于西南。

春三月。

非爲汝南王。

立子德爲河間王。○注：即前辟疆地。閼爲臨江王。○注：即前驪地。立三年無後，國除。餘爲淮陽王。○注：即前赵王友地。非爲汝南王。○注：初置国。

以張歐爲廷尉。○注：沛人，安邱侯説少子也。

夏四月，太皇太后崩。

六月，丞相申屠嘉卒。以陶青爲丞相，鼂錯爲御史大夫。彗星出東北。

秋，衡山大雨雹。熒惑逆行，守北辰。月出北辰間。歲星逆行天廷中。

丁亥，三年冬十月。

彭祖爲廣川王，○注：初置国。發爲長沙王。○注：即吴王著地。

申屠嘉卒。

梁王武來朝。

災。 春正月，長星出西方，洛陽東宮		
二月。		
三月。		
吴王濞、膠西王卬、膠東王雄渠、菑川王賢、濟南王辟光、楚王戊、趙王遂反。以周亞夫爲太尉，將兵擊之。殺御史大夫鼂錯。	周亞夫大破吴楚軍。濞亡走越，戊自殺。	越人誅濞。齊王將閭及卬皆自殺。雄渠、賢、辟光皆伏誅。徙濟北王志爲菑川王，徙淮陽王餘

	爲魯王，汝南王非爲江都王，立楚元王子禮爲楚王，子端爲膠西王，勝爲中山王。		
戊子，四年。夏四月，立子榮爲皇太子，徹爲膠東王。	徙衡山王勃爲濟北王，廬江王賜爲衡山王。		
己丑，五年。春正月，遣公主嫁匈奴單于。○注：公主嫁夷狄，自景帝始。	徙廣川王彭祖爲趙王。		公主嫁匈奴單于。
庚寅，六年。冬十二月。			

雷，大霖雨。

秋九月，廢皇后薄氏。

辛卯，七年。冬十一月，廢太子榮爲臨江王。

楚文王禮卒，安王道嗣。

春，丞相青免，以周亞夫爲丞相。

燕康王嘉卒，王定國嗣。

夏四月，立夫人王氏爲皇后。膠東王徹爲皇太子。〇注：初，燕王臧荼孫女臧兒嫁王仲，生兩女，仲死，又嫁田氏生蚡。文帝時，臧兒長女爲金王孫婦，臧兒奪之，納于太子宮，生徹。及帝即位，長公主嫖欲以女嫁太子，其母栗姬不許。公主欲子徹，王夫人許之。由是，公主日讒栗始①而譽徹之美。帝亦自賢之。至是，廢太子榮而立徹。

壬辰，中元年。夏四月，地震。衡山原都雨雹。○注：大者尺八寸。

癸巳，二年春三月，徵臨江王榮下吏，榮自弑。○注：坐侵廟壖垣爲宫，自弑，國除。

夏四月，有星孛于西北。

秋九月，晦日食。

立子越爲廣川王，寄爲膠東王。

梁王武使人弑袁盎。

①始，應爲姬。

甲午，三年。夏四月，地震。旱。秋九月，蝗。有星孛于西北。晦，日食。丞相亞夫免。以劉舍爲丞相。	立子乘爲清河王，都濟陽。○注：初置國。		
乙未，四年。夏，蝗。			
丙申，五年。冬十月。			

日食。

夏六月，大水。

秋八月，未央宮東闕災。

九月，詔獄疑者讞之。地震。

丁酉，六年，冬十月。

春二月，郊五時。

夏四月。

立子舜爲常山王。○注：復置國

梁王武來朝。

梁王武卒。分梁地，王其子五人。○注：買爲梁王，明爲濟川王，彭離爲濟東王，

六月。

秋七月，晦，日食。

戊戌，元年。夏，丞相舍免。以衞琯爲丞相。

五月，地震。○注：凡二十二日。

秋七月，晦，日食。

八月，下條侯周亞夫獄，亞夫不食，死。

定爲山陽王，不識爲濟陰王，不識無後。

周亞夫不食，死。

匈奴寇雁門、上郡。

己亥，二年。春正月，地一日三動。

秋，大旱。

庚子，三年。冬十月，日月皆赤。○注：凡五日。

十二月，雷，日如紫。五星逆行，守太微①，月貫天廷中。○注：石氏星傳云『龍星左角曰天田，右角曰天廷。』

春正月，詔勸農桑，禁采黃金珠玉。

①亦作『大微』。古代星官名。三垣之一。位於北斗之南，軫、翼之北，大角之西，軒轅之東。諸星以五帝座爲中心，作屏藩狀。

帝崩，太子徹即位。尊皇太后爲太皇太后，皇后爲皇太后。

二月，葬陽陵。

景帝自三年平七國後，至此凡十二年間，書日食七，地震四，星孛、蝗各二，雨雹、冬雷、大霖雨、大水，春雨雪，東闕災，秋大旱，皆一見。是年所書，日月皆赤等災，尤爲可畏。帝非有甚失德也，特以刻忌少恩。故爾鼂錯以忠謀見弑，皇后、太子以無罪而廢，丞相亞夫以守正不得其死。此皆非小故也。上天變異，夫豈適然哉！惟合先後所書而考之，則帝之得失可知矣。

世宗孝武皇帝。○注：景帝子名徹，在位五十三年。辛丑，建元元年。○注：年號之立自帝始。冬十月。

親策賢良方正之士。以董仲舒爲江都相。治申、韓、穌、張之言者皆罷之。

夏六月，丞相竡免。以竇嬰爲丞相，田蚡爲太尉，迎申公爲大中大夫。

董仲舒爲江都相。

壬寅，二年。冬十月，丞相嬰、太尉蚡免。申公免歸。

春三月，以許昌爲丞相，衛青爲大中大夫。

夏四月。

淮南王安來朝。

○注：上以安屬爲諸父①而才高，甚尊重之。

①古代天子對同姓諸侯、諸侯對同姓大夫，皆尊稱爲『父』，多數就稱爲『諸父』。指伯父和叔父。

有星如日夜出。〇注：昭帝元平元年，有星如月。唐僖宗中和元年，星如杯碗，皆莫甚于此。置茂陵邑。		
癸卯，三年。冬十月，河水溢于平原。大饑，人相食。	中山王勝來朝。	
秋七月，有星孛于西北。		閩越擊东甌，遣使發兵救之，遂徙其衆于江淮間。
九月晦，日食。帝始爲微行，遂起上林苑。		
甲辰，四年。夏，有風如血。旱。		

秋九月。有星孛于東北。	乙巳，五年。夏五月，大蝗。	丙午，六年。春二月，遼東高廟災。	夏四月，高園便殿火，帝素服五日。	五月，太皇太后崩。	六月，丞相昌免，以田蚡爲丞相。
	廣川惠王越卒，子繆王齊嗣，四十五年。以征和元年有罪，病死。		清河王乘卒。無後，國除。		
					閩越擊南越，遣大行王恢將兵擊之。恢未至，閩越王弟

御批
漢武帝信李少君之説，遂遣方士入海求安期

秋八月，有星孛于東方，長竟天。○注：昭宣彗長竟天而唐亡。此武帝孛長竟天而止于兵禍。彗之與孛，蓋有間矣。故《綱目》書孛五十三，而書其只十有九。

餘善殺王郢以降。立餘善爲東越王。

與匈奴和親。

南越遣太子嬰齊入宿衛。○注：自是，因南越之朝而呂嘉反，因呂嘉之兵，而東越南方益多事矣。以汲黯爲主爵都尉。

丁未，元光元年。

戊申，二年。冬十月，帝如雍，祠五時。始親祠灶，遣方士求神仙。○注：李少君以祠灶、却老方見，上尊之。于是，親祠之。立太一祠。

生之屬。化丹砂諸藥以冀成全，惑已甚矣。至少君既死，猶以爲化去，何其迷而悟耶！

亳人繆忌奏祠太一方。于是立祠。

夏六月。

己酉，三年。春，河徙頓邱。夏決濮陽。

庚戌，四年。冬十二月晦，殺魏其侯竇嬰。

春三月，丞相蚡卒。

夏四月，隕霜殺草。

五月，以薛澤爲丞相。地震。

辛亥，五年。

齊懿王壽卒，厲王次昌嗣。

遣間誘匈奴單于入塞，將軍王恢等伏兵邀之，不獲。恢以罪下吏，自殺。

竇嬰被殺。

冬十月。

河間王德來朝，獻雅樂，對詔策。春正月，還而卒。○注：王修學好古，以金帛招求四方善書，所得皆古文、先秦舊書。

通南夷，置犍爲郡。通西夷，置一都尉。

秋七月，大風拔木。皇后陳氏廢。○注：后以祠祭厭勝媚道，事覺。詔大中大夫張湯、中大夫趙禹定律令。○注：上使二人定律令，用法益刻。

以公孫宏爲博士。

壬子，六年。冬，初算商車。○注：罔利益始於此。

春穿渭渠。

齊菑川王志卒，靖王建嗣。

河間獻王德卒，恭王不害嗣。

匈奴寇上谷。遣車騎將軍衛青等將兵擊却之。

癸丑，元朔元年。冬，皇子據生。

○注：《綱目》書子生五，據以反終則書生，弗陵以危嫡則書生（太始三年）；宋劭以元兇則書生（丙子年）；魏恂以叛父則書生癸（亥年）；魏詡以大后之悖則書生（庚寅年）。

春三月，立夫人衞氏爲皇后。

秋。

楚安王道卒，襄王注嗣。

長沙定王發卒，康王庸嗣。○注：『康』，《漢書》作『載』。

以李廣爲右北平太守，匈奴不敢入。東夷薉君降，置蒼海郡。○注：東夷薉君、南閭等二十八萬人，降爲蒼海郡。

甲寅，三年。冬。

賜淮南王安几杖，毋朝。

春正月，詔諸侯王得分國置封子弟爲列侯。

匈奴入寇，遣衛青擊走之，遂取河南地，立朔方郡，募民徙之。

三月，徙國郡豪傑于茂陵。

燕王定國、齊王次昌皆有罪，自殺，國除。

乙卯，四年。冬。

以張騫爲大中大夫。

匈奴軍臣單于死，弟伊稚斜單于立。

夏六月，皇太后崩。○注：工氏也。

河間恭王不害卒，剛王堪嗣。

以張湯爲廷尉。

丙辰，四年。

丁巳，五年。冬十一月，丞相澤免，以公孫宏爲丞相，封平津侯。匈奴寇朔方，遣衛青率六將軍擊之，以青爲大將軍。

夏六月，爲博士置弟子五十人。

削淮南二縣賜衡山王，賜書不朝。

戊午，六年。春。

遣大將軍衛青率六將軍擊匈奴。

夏六月，詔民得買爵贖罪，邑①武功爵。

己未，元狩元年。冬十月，祠五時。獲一角獸，以燎。始以天瑞紀元。

淮南王安、衡山王賜謀反，自殺。

①邑，應爲置。

夏四月，立子據爲皇太子。

遣博望侯張騫使西域，始通滇國，復事西南夷。

庚申，二年，春三月，丞相宏卒，以李蔡爲丞相。

更置六安國①，以故陳爲都，立膠東王子慶爲恭王。

丞相公孫宏卒，以霍去病爲驃騎將軍，擊匈奴，過焉支，至祁連山而還。

秋。

匈奴渾邪王降，置五屬國以處其衆。○注：休屠王太子日磾没入官，上賜湯沐衣冠，拜爲馬監，賜金姓。

辛酉，三年，秋，山東大水，徙其貧民于關西、朔方。

膠東康王寄卒，哀王賢嗣。

①破讀，六（lù）安國。古代地名，位於今中國安徽省六安市，取『六地平安，永不反叛』之意，領地爲五縣。

作昆明池。			
壬戌，四年。方士文成將軍少翁伏誅。		以卜式爲中郎，賜爵左庶長。以衛青、霍去病皆爲大司馬。	匈奴請和親，遣使報之。單于留不遣。
癸亥，五年。春三月，丞相蔡有罪自殺。以莊青翟爲丞相。		以汲黯爲淮陽太守。	
甲子，六年。夏四月。	廟立子閎爲齊王，子旦爲燕王，子胥爲廣陵王。○注：廟立者，志始也。自是，無書者，略之也。		

秋九月。		大司馬、驃騎大將軍、冠軍侯霍去病卒。	
乙丑，元鼎元年。			
丙寅，二年。冬十一月，丞相青翟下獄，自殺。		張湯有罪，自殺。丞相莊青翟下獄，自殺。	
春，起柏梁臺，作承露盤。以趙周爲丞相。			
三月，大雨雪。			
夏，大水，人餓死。		西域始通，置酒泉、武威郡。	
丁卯，三年。冬，徙函谷關于新安。	常山憲王舜卒，子		匈奴伊稚斜單于

夏，雨雹。關東饑，人相食。

戊辰，四年。冬十一月，立后土祠于汾陰脽①，上親祠之。始巡郡國，至滎陽而還。封周後姬嘉爲子南君。

春，以方士欒大爲五利將軍，尚公主。

夏六月，汾陰得大鼎。

勃立，坐罪廢，更爲真定國。立憲王子平爲頃王。

遣使喻南越入朝。○注：初，南越文王胡遣其子嬰齊入宿衛，在長安取樛氏女，生興。文

死，子烏稚單于立。

①『脽』，小土山。

己巳，五年。冬十月，帝祠五畤，遂獵新秦中，以勒邊兵。立泰一及五帝祠壇于甘泉。

十一月朔，冬至，親郊見。○注：是爲泰畤①，自是，三歲天子一郊見。

秋。

王卒，嬰齊立樛氏爲后，興爲嗣，嬰齊卒。興代立，其母爲太后。嘗與霸陵人安國季少通。是歲，上使季少往喻王及太后入朝。太后復與季少通，國人不附太后。

南越相呂嘉殺使者及其王興，更立建德爲王，發兵反。

賜卜式爵關内侯。遣將軍路博德等將兵擊南越。

①古代天子在泰畤壇祭天神。後世遂以此爲典。

九月，嘗酎列侯百有六人，皆奪爵。丞相周下獄，自殺。以石慶爲丞相。欒大伏誅。

丞相周下獄，自殺。

西羌反。

庚午，六年。冬。

帝如緱氏，觀大人跡。

帝自制封禪儀。

路博德等平南越，獲建德、呂嘉，置九郡。

東越王餘善反。遣將軍楊僕等將兵擊之。以卜式爲御史大夫。

討西羌，平之。

平西南夷，置五郡。置張掖、燉煌郡。

辛未，元封元年。冬十月，帝出長城，登單于臺，

貶卜式爲太子太傅，

勒兵而還。

春正月，帝如緱氏，祭中嶽，東巡海上，求神仙。夏四月，封泰山，禪肅然，復東北至碣石而還。○注：肅然小山，在泰山下。

五月，至甘泉。

秋，有星孛于東井，又孛于三台。

壬申，二年。

以兒寬爲御史大夫。東越殺王餘善以降，徙其民于江淮間。

賜桑宏①羊爵左庶長。○注：宏羊，一賈人子爾，以言利得幸。

①宏，應爲弘。

冬十月，帝祠五時，還祠泰一，以拜德星。○注：德星，岁星也。春，帝如東萊。

夏，還臨塞，決河，築宣防宫。○注：防宣宫在大名府開州瓠子口之上。至長安，立越祠。作飛廉、桂觀、通天莖臺。

秋，作明堂于汶上。○注：屬東馬東平國。以杜周爲廷尉。○注：周，外寬内深次骨。其治大放張湯。（次，至也深刻于骨。）

癸酉，三年。冬十二月，雹雨雹。初作角抵戲、魚龍曼延之屬。

朝鮮襲殺遼東都尉。

遣楊僕、荀彘伐朝鮮。遣郭昌發兵擊滇，滇王降，置益州郡。

遣將軍趙破奴擊樓蘭，虜其王姑師。

遂擊車師，破之。苟彘執楊僕，并其軍。朝鮮人殺王右渠以降。置樂浪、臨屯、元菟、真番郡。彘以罪徵棄市。○注：項羽殺宋義、破秦軍，書矯。苟彘執楊僕，降朝鮮。《綱目》書以罪。貴義不貴功也。

甲戌，四年。冬十月，帝祠五時，遂出蕭關。春三月還，祠后土。夏，大旱。

乙亥，五年。冬，帝南巡江漢，望祀虞舜于

九嶷。射蛟，獲之。			
春三月，至泰山，增封，祀上帝于明堂，配以高祖，因朝受計。			
四月，還郊泰畤。初置刺史。○注：凡十三部。詔舉茂才異等，可爲將相，使絕國者。			
丙子，六年。春，作首山宫。		大司馬大將軍長平侯衛青卒。○注：謚曰烈。	
秋。	以宗室女爲公主嫁烏孫。		匈奴烏維單于死，子兒單于烏師廬立。
丁丑，太初元年。冬十月，帝如泰山。			

十一月，甲子朔，冬至，祀明堂。十二月，禪蒿里，望祀蓬萊。春還，作建章宮。夏五月，造太初歷①，以正月爲歲首。○注：從兒寬等之議，始用夏正②。築受降城。			
秋，關東蝗起，飛至燉煌。		遣將軍李廣利將兵伐宛。	
戊寅，二年。春正月，丞相慶卒。以公孫賀爲丞相。			
己卯，三年。春，帝東巡海上。		睢陽侯張昌有罪，國除。	匈奴兒單于死，季父呴犁湖單于立。

①歷，應爲曆。　②月份别稱。即『夏曆正月』的簡稱。也代指夏曆。三正之一，其餘兩正爲殷正和周正。

築塞外城障。匈奴大入，盡破壞之。大發兵，從李廣利圍宛，殺其王，母寡以降。

庚辰，四年。春，

秋，起明光宮。〇注：武帝自即位以來，起柏梁臺，築宣防宮，作蜚廉、桂觀，通天莖臺，作首山宮建章宮。于此又作明光宮，用力多矣。

封李廣利爲海西侯。

匈奴呴犁湖單于死，弟且鞮侯單于立，使使來獻。

辛巳，天漢元年。春三月，雨白氂。

遣中郎將蘇武使

○注：毴與氂通，毛之彊曲者。

匈奴。蘇武使匈奴。

○注：上嘉單于之義，遣蘇武送匈奴使留在漢者至匈奴。匈奴欲降之時，衛律已降，在匈奴爲丁靈王。因勸武降，武不從，乃置武大窖中，絶飲食。武齧[①]雪咽旃，數日不死，乃使牧羝。曰：『羝乳乃得歸。』武仗節牧羊，節旄盡落。昭帝時，匈奴與漢和親。漢使至求武等，匈奴詭言武死。已而，常惠與武同使至匈奴者，私教使者謂單于曰：『天子射上林中，得雁，足繫帛書，言武在澤中。』單于驚，歸武。武留匈奴十九年，昭帝嘉其節。

①齧，應爲嚙。

夏，大旱。

封典屬國①。宣帝立，迎其匈奴妻，所生子通國爲武後，武年八十餘歲。

壬午，二年。夏。

遣李廣利擊匈奴，别將李陵戰敗降虜。李陵降虜。○注：上遣李廣利、李陵擊匈奴，匈奴圍廣利、趙充國潰，圍陷陣，救免陵。乃廣利孫與匈奴搏戰，至浚稽山，矢盡援絶，乃降匈奴。帝大怒。司馬遷上書，甚言陵忠勇，帝謂遷欲阻貳師爲陵游説，下遷腐刑，并族誅陵

①典屬國主要負責對外事務，同周邊的少數民族各國具體交往由典屬國執行，在秦漢時典屬國的職權類似現在的外交部長。

		家。其後，廣利亦降匈奴，衞律妬其寵，誘單于殺之。帝自此厭兵。	
癸未，三年。春三月，帝東巡還，祠常山。			
甲申，四年。夏四月，令死罪入贖。○注：富者殺人，皆不死矣。	立子髆爲昌邑王。	遣李廣利等擊匈奴，不利。族誅陵家。	
乙酉，太始元年。春正月，徙豪傑于茂陵。			匈奴且鞮侯單于死，子狐鹿姑單于立。
丙戌，二年。秋，旱。穿白渠。○注：溉田四百餘頃。			

丁亥，三年。春正月，帝東巡琅琊，浮海而還。皇子弗陵生。○注：即昭帝。		以江充爲水衡都尉。○注：充爲趙王客，得罪。詣闕告趙太子陰事得用。	
戊子，四年。春三月，帝東巡，祀明堂，修封禪。夏五月，還宮。			
己丑，征和元年。春三月。	趙王彭祖卒。遣使立武始侯昌爲趙王。		
夏，大旱。冬十一月，大搜長安十日。○注：巫蠱事起。			

帝居建章宫，見一男子帶劍入中龍華門，命收之，弗獲，乃搜之。 庚寅，二年。春正月，丞相賀有罪，下獄，死。夷其族。以劉屈氂爲左丞相。 夏四月，大風發屋折木。帝如甘泉。 秋七月，皇太子據殺使者江充，白皇后，發兵反。詔丞相屈氂討之。據敗，走湖。皇后衛氏及據皆自殺。○注：充初爲趙王客，告趙太子之陰事，太子坐廢，今太子據反，亦江充以巫蠱誣陷之所使也。			
		諸邑○注：即諸城縣陽石公主及長平侯衛伉皆坐巫蠱死。	
		長平侯衛伉坐巫蠱死。	

辛卯，三年。春正月。

夏。

六月，丞相屈氂棄市。李廣利妻子下吏。

李廣利降匈奴，詔族其家。○注：初貳師之出也，囑丞相屈氂曰：『早請昌邑王爲太子。』昌邑王，貳師女弟李夫人子也。貳師女爲屈氂子妻女，故共欲立焉。貳師出塞，會有告『丞相夫人詛祝上及與貳師共禱祠，令昌邑王

匈奴寇五原、酒泉。遣李廣利等將兵擊之。

發西域兵擊車師，盡得其王民衆而還。

秋，蝗。

壬辰，四年。春正月，帝如東萊。雍縣無雲，如雷者三，隕石二，黑如黶。○注：《說文》：『黶，小黑子。』三月，帝耕于鉅定。○注：澤名，在泰山東。還泰山，罷方士候神人者。

夏六月，還宮。以田千秋爲丞相、富民侯。

癸巳，後元元年。

爲帝。』按驗，罪至大逆不道。屈氂腰斬東市，貳師聞之恐，深入要功，及敗遂降。詔族其家。

以田千秋爲大鴻臚寺，族滅江充家。

以趙過爲搜粟都尉。

春祠泰畤。

夏六月。

秋七月，地震。殺鉤弋夫人趙氏。○注：鉤弋夫人生子弗陵，年方七歲，多智，帝奇而愛之，欲立爲太子。恐子少母壯，將來與政，禍如吕后，故先殺之。

甲午，二年。春二月，帝如五柞宮。立弗陵爲皇太子，以霍光、金日磾、上官桀受遺詔輔之。帝崩。太子弗陵即位，姊鄂長公主共養省中。光、日磾、桀，共領尚書事。

侍中僕射馬何羅反，伏誅。○注：何羅，江充黨。

三月，葬茂陵。○注：西安府興平縣東北十七里。秋，追尊鉤弋夫人爲皇太后。起雲陵。○注：西安府涇陽縣西北十里有甘泉山。

冬。

孝昭皇帝。乙未，始元元年。

夏。

秋七月，大雨至十月。以雋不疑爲京兆尹。

九月，遣使行郡，問民疾苦，舉賢良。

丙申，二年。

燕王旦謀反，赦，弗治。黨與皆伏誅。

車騎將軍秺侯金日磾卒。

匈奴入寇朔方，遣左將軍上官桀行北邊。

益州夷反，擊破之。

春三月。

秋，詔所貸勿收責，除今年田租。○注：武帝征斂百端，經用不足。昭帝即位一年，乃能全免天下，今年田租亦在于人而已。

封大將軍霍光爲博陸侯。

匈奴狐鹿姑單于死，子壺衍鞮單于立。

丁酉，三年。冬十月，遣祠鳳凰于東海。○注：霍光一開其端，而宣帝以鳳凰書者六。

戊戌，四年，春三月，立婕妤上官氏爲皇后。○注：初，霍光女爲上官桀子安妻，生女甫五歲。欲因光納之宮中，光以尚幼，不聽。安説蓋長公主私近子客丁外人，言于長公主，召安女人爲婕妤。遂立爲后。

以上官安爲車騎將軍。

西南夷復反。

己亥，五年，春正月，男子成方遂詣闕，詐稱衛太子，伏誅。○注：男子本夏陽人，姓成名方遂，有故太子舍人，謂其狀貌似衛太子，遂利其言，詣闕逞詐。被雋不疑叱吏收縛，送詔獄。廷尉按驗，竟得姦詐，坐誣罔，腰斬。			罷儋耳、真蕃郡。
庚子，六年。春，詔問賢良文學、民間疾苦。秋七月，罷榷酤官。		蘇武還自匈奴，以爲典屬國。	
辛丑，元鳳元年。春三月，徵有行義者韓福等至長安，賜帛遣歸。秋七月晦，日食既。			武都氐反，遣兵擊之。

八月。

鄂長公主、燕王旦、上官桀、安等謀反，皆伏誅。

冬。

以韓延壽爲諫議大夫。以張安世爲右將軍，杜延年爲太僕。

匈奴入寇，邊兵追擊之，獲甌脱王。

壬寅，二年。

癸卯，三年。春正月，泰山石立，上林僵柳復起生。

冬。

遼東烏桓反。遣范明友將兵擊之。

甲辰，四年。春正月，帝冠。

丞相千秋卒。 二月，以王訢爲丞相。 夏五月，孝文廟正殿火，帝素服，遣使作治。	乙巳，五年。夏，丞相訢卒。	丙午，六年。冬十一月，以楊敞爲丞相。	丁未，元平元年。春二月，減口賦錢什三。○注：口賦錢，漢儀民年七歲至十四，出口賦每人二十三錢，二十錢以食天子，其三錢者武帝加，以補車騎。
田千秋卒。	王訢卒。		
遣使誘樓蘭王安歸，殺之。注：使，傅介子也。既殺樓蘭王，立其弟在漢者尉屠爲王，更名其國曰鄯善。			

有流星大如月，衆星皆隨西行。

夏四月，帝崩。大將軍光承皇后詔，迎昌邑王賀詣長安。

六月，入即位。尊皇后曰皇太后。○注：帝崩，無嗣。時武帝子獨有廣陵王，胥以行失道，不可以承宗廟。光即日承皇后詔，迎立昌邑哀王髆之子賀即位。葬平陵。○注：西安府咸陽縣東北二十里。昌邑王有罪，大將軍光率羣臣奏太后，廢之。○注：初，昌邑王有罪，王吉、龔遂等屢諫不聽。至是即位，淫戲無度，光憂之。大司農田延年勸光行伊尹放太甲故事，光從之。與將軍張安世等白太后廢賀，送至昌邑邸。遂迎病已即位。病已者，武帝曾孫，衛太子據之孫，史皇孫進之子。衛太子遭巫蠱事，其妃妾男女皆斃獄中，惟病已賴故廷尉監丙吉陰護之，得赦免。吉聞病已之母史良娣有母魯國。史氏乃載皇孫病已付之。時暴室嗇夫許廣漢有女，掖庭令張賀爲聘之。皇曾孫因依倚廣漢兄弟及史氏具知閭里姦邪，吏治得失，吉言于光。光乃奏曰，武帝曾孫年已十八，節儉慈愛，可以嗣位。遂立之，是爲孝宣皇帝，更名洵。

秋七月，迎武帝曾孫病已〇注：音矣。入即位，尊皇太后曰太皇太后。

丞相楊敞卒。以蔡義爲丞相。

楊敞卒。

冬十一月，立皇后許氏。○注：即許光漢之女也。

太皇太后歸長樂宮。初置屯衛。

中宗孝宣皇帝。○注：名病已，改名洵。武帝曾孫、太子據孫，在位二十五年，壽四十二歲。

戊申，本始元年。春，大將軍光請歸政，不受。

夏，追謚戾太子、戾夫人、悼考、悼后，置園邑。

己酉，二年。夏，尊孝武皇帝爲世宗，所幸郡國皆立廟。

召黄霸爲廷尉正。

秋。

大司農田延年有罪，自殺。

遣將軍田廣明將兵，及常惠等，獲烏孫兵擊匈奴。

〇注：初，武帝以江都王建女細君爲公主，嫁烏孫死。復以楚王戊之孫解憂爲公主，妻岑陬。岑陬胡婦子泥靡尚小，岑陬且死，以國與季父大禄子翁歸靡。曰：『泥靡大，翁歸靡。』立號肥王，復尚楚主，生元貴靡、公主及昆彌，上書令。匈奴連發兵擊烏孫，欲隔絶漢。昆彌願發兵擊匈奴，唯天子出兵，救之。于是，遣田廣明等五將軍十六萬騎，以常惠爲校尉，持節獲烏孫兵，擊匈奴。

庚戌，三年。春正月，大將軍光妻顯弒皇后許氏。○注：光夫人欲納女爲后，會許皇后當娠病，使女醫淳于衍投毒藥后，崩。光知之，不敢發，遂納女爲后。光卒，其子禹及其兄孫山與政，霍氏權益重，帝不能平。又頗聞毒殺后事，于是去其兵權，禹遂欲廢帝自立。事覺，霍氏族誅，并廢皇后，遂自殺。

夏五月。

六月，丞相義卒，以韋賢爲丞相。以趙廣漢爲京兆尹。

田廣明有罪，下吏，自殺。封常惠爲長羅侯。

蔡義卒。

辛亥，四年。春三月，立大將軍光女爲皇后。			
四月，郡國○注：四十九地震，山崩，二郡壞祖宗廟。○注：大異也。帝素服避殿，詔問經學及舉賢良方正之士。 五月，鳳凰集北海。		以夏侯勝爲諫議大夫，黃霸爲揚州刺史。	
壬子，地節元年。春，有星孛于西方。 冬十二月晦，日食。以于定國爲廷尉。		于定國爲廷尉。	
癸丑，二年。春三月。		以霍禹爲大司馬、右將軍、	匈奴壺衍鞮單于死，弟虛閭權渠單于立。

夏四月，鳳凰集魯。

甲寅，三年。春三月。

夏四月，立子奭爲皇太子。五月，丞相賢致仕。

六月，以魏相爲丞相。大雨雹。

秋九月。

賜膠東相王成爵關內侯。

大司馬、大將軍、博陸侯霍光卒。○注：謚曰宣成。

以張安世爲大司馬、車騎將軍，領尚書事。以霍山領尚書事。

以疏廣爲太子太傅，兄子受爲少傅。以蕭望之爲謁者。

以張安世爲衛

乙卯，四年。春二月，賜外祖母號爲博平君。○注：《綱目》書外氏號三：博平、新野、唐魯國夫人。詔有大父母、父母喪者，勿繇。

夏五月，山陽濟陰雨雹殺人。○注：大如雞子，深三尺五寸。詔自今子匿父母、妻匿夫、孫匿大父母，皆勿治。

秋七月，霍氏謀反，伏誅。夷其族。皇后霍氏廢。

將軍，諸軍皆屬。以霍禹爲大司馬，罷其屯兵。

霍氏謀反，伏誅。夷其族。

九月。		以朱邑爲大司農。以龔遂爲水衡都尉。	
丙辰，元康元年，春正月，初作杜陵。			
夏五月，追尊悼考爲皇考，立寢廟。殺京兆尹趙廣漢。		以蕭望之爲平原太守，復徵入守少府。以尹翁歸爲右扶風。	莎車叛，衛侯馮奉世矯發諸國兵擊破之。
丁巳，二年。春二月，立婕妤爲皇后。帝更名詢。		以蕭望之爲左馮翊。	
戊午，三年。春三月，封故昌邑王爲海昏侯。		封丙吉等爲列侯。	

夏六月，以黃霸守京兆尹。尋罷，歸潁川太守。

立子欽爲淮陽王。

故人阿保，賜物有差。

疏廣、疏受請老，賜金遣歸。

己未，四年。春正月，詔年八十以上，非誣、告殺傷人，勿坐。求高祖功臣子孫失侯者，賜金，復其家。

衛將軍、大司馬、富平侯張安世卒。○注：謚曰敬。以韋元成爲河南太守。

庚申，神爵元年。○注：神爵大如鷃爵，色有五采。前年見長樂宮，故改元神爵。

三月，如河東，祠后土。遣諫大夫王褒求金馬碧雞①之神。

遣諫大夫王褒求金馬碧雞之神。

先零羌楊玉叛。遣趙充國將兵擊之。

①傳説中的神明。

夏六月，有星孛于東方。秋七月，以張敞爲京兆尹。		諫大夫王吉謝病歸。○注：以諫大夫求碧雞之神，已失其職，此諫大夫又謝病歸，其爲中與之累多矣。	留充國屯田湟中。
辛酉，二年。春二月，鳳皇、甘露降集京师，赦。			
夏五月。			趙充國振旅而還。秋羌斬楊玉以降。置金城屬國以處之。
秋九月。		司隸校尉蓋寬饒自剄北闕下。	匈奴虛閭權渠單于死，握衍朐鞮單

壬戌，三年。春三月，丞相魏相卒。以丙吉为丞相。

秋七月。

辛亥，四年。夏四月。

冬十月，鳳皇集杜陵。

魏相卒。

以蕭望之爲御史大夫。以韓延壽爲左馮翊。

賜潁川太守黄霸爵關内侯。

于立。日逐王先賢撣來降。〇注：撣音纏。烏孫昆彌翁歸靡死，狂王泥靡立。

甲子，五鳳元年。秋。

冬十二月朔，日食。

乙丑，二年。

殺左馮翊韓延壽。

匈奴亂，五單于爭立。○注：匈奴握衍朐鞮單于暴虐，好殺伐，國中不附。烏禪幕及左地貴人共立稽侯狦爲呼韓邪單于，發兵西擊握衍朐鞮，敗走，自殺。握衍朐鞮弟右賢王立日逐王薄胥堂爲屠耆單于，呼揭王自立爲呼揭單于，右奥鞬王自立爲車犂單于，烏藉都尉亦自立爲烏藉單于，凡五單于爭立。

秋八月。

左遷蕭望之爲太子太傅。

匈奴呼韓邪單于擊殺屠耆單于呼屠吾斯，自立爲郅支單于。〇注：呼屠吾斯呼韓之兄也。

丙寅，三年。春正月，丞相博陽侯丙吉卒。以黃霸爲丞相。

丙吉卒。

丁卯，四年。春，初置常平倉①。〇注：從耿壽昌之奏也。

夏四月朔，日食。

殺故平通侯楊惲。

匈奴呼韓邪單于稱臣，遣弟入侍，減戍卒什二。

匈奴郅支單于攻呼韓邪單于，走之，

①中國古代政府爲調節糧價，儲糧備荒以供應官需民食而設置的糧倉。主要是運用價值規律來調劑糧食供應，充分發揮穩定糧食的市場價值的作用。

			遂都單于庭。
戊辰，甘露元年。春，免京兆尹張敞官，復以爲冀州刺史。		以韋元成爲淮陽中尉。	匈奴呼韓邪、郅支兩單于皆遣子入侍。
夏四月，黄龍見。太上皇太宗廟火。帝素服五日。			烏孫國亂，遣使分立兩昆彌。
己巳，二年，春正月，赦減民算三十。		營平侯趙充國卒。○注：謚曰壯。	匈奴款塞請朝。
庚午，三年，春正月，畫功臣于麒麟閣。○注：博陸侯霍、其次張安世、韓增、趙充國，魏相、丙吉、杜延年、劉德、梁邱賀、蕭望之、蘇武，凡十一人。		黄霸卒。	匈奴呼韓邪單于來朝，還居幕南塞下。

鳳皇集新蔡。丞相霸卒，以于定國爲丞相。詔諸儒講五經異同于石渠閣。○注：上親稱制臨決，立梁邱《易》、夏侯《尚書》、穀梁《春秋》博士。皇孫驁生。○注：皇太子所幸司馬良娣死，太子不樂。帝令皇后擇後宫家人子，得元城王政君，送太子宫。政君，故繡衣御史賀之孫女也。是歲，生成帝于甲館畫堂，爲世適皇孫。帝愛之，自名曰驁，字太孫，常置左右。

辛未，四年，冬。

○注：自是烏孫以西至安息諸國近匈奴者咸尊漢矣。烏孫公主來歸。○注：後二歲卒。

匈奴兩單于俱遣使朝獻。

壬申，黃龍元年。春三月，有星孛于王良閣道，入紫微宮。帝寢疾。以史高、蕭望之、周堪受遺詔輔政，領尚書事。

冬十二月，帝崩。太子奭即位，尊皇太后曰太皇太后、皇后曰皇太后。〇注：太皇太后何昭后上官氏也，宣帝即位，當尊稱太皇太后矣。元帝視之則曾祖母也。于是，復稱太皇太后。置太皇太后之上無以稱之，故云爾歟。按宣帝號尚嚴，而寬恤之政亦多。如詔有大父母、父母喪，勿繇。詔子匿

匈奴呼韓邪單于來朝，郅支徙居堅昆。〇注：堅昆，乃西域國名，在伊吾西焉耆北。唐初號結骨，唐末改號黠戛斯。

父母、妻匿夫、孫匿大父母，皆勿治。詔年八十以上，非誣告人，勿坐之類。謂非惻隱之發乎？惜其信鳳皇，惑碧雞。而趙楊韓之死，不免書殺，此《綱目》所以責賢者之備也。

孝元皇帝，○注：名奭，宣帝子，在位十六年，壽四十三歲。

癸酉，初元元年。春正月，葬杜陵。○注：西安府城東南十五里。赦。三月，立倢伃王氏爲皇后。

按：唐高宗永徽五年書，立太宗才人武氏爲昭儀，以著高宗聚麀之醜，而唐詔謂事同政君。據甘露三年書，皇孫驁生，分注帝令皇后擇後宫家人子得元城王政君送太子宫。至是，生成帝。則此上當先書，以宣帝宫人王氏爲倢伃。

秋九月，關東大水，饑。

以貢禹爲諫大夫。

置戊己校尉，屯田車師故地。〇注：甲乙八千皆有正位，惟戊己寄治耳，今所置校尉亦無常居，故名焉。

甲戌，二年。春正月，隴西地震。

夏四月，立子驁爲皇太子。關東饑。

賜蕭望之爵關内侯，給事中，朝朔望。

秋七月，地復震。冬十二月，蕭望之自殺，以宦者石顯爲中書令。

乙亥，三年，夏，赦。〇旱。

丙子，四年。

御批 宦寺之爲害最烈，皆人主不能慎之于始，以爲微而易制。及寵之以爵禄，授之以事權，遂至驕恣橫肆，如宏恭、石顯擅作威福，敢于戕害大臣，而毫無忌憚之心。《易》曰：『童牛之牿，豶豕之牙。』當防之于未然也。

春三月，帝如河東，祠后土。

丁丑，五年。春正月，以周子南君爲周承休侯。三月，帝如雍，祠五畤。四月，有星孛于參。

六月。

以貢禹爲御史大夫。

匈奴郅支單于殺漢使者，西走康居。

戊寅，永光元年。春，郊泰畤。三月，雨雪，隕霜殺桑。

秋，丞相定國罷。

匈奴呼韓邪單于北歸庭。

己卯，二年。春二月，以韋元成爲丞相。

三月朔，日食。夏六月。秋七月。		以匡衡爲光祿大夫。	隴西羌反，遣馮奉世將兵擊破之。
庚辰，三年。春三月，冬十一月，地震，雨水。	立子康爲濟陽王。		
辛巳，四年。夏六月晦，日食。冬十月，罷祖宗廟在郡國者。作初陵，不置邑徙民。			
壬午，五年。冬十二月，毁太上皇孝惠帝寢廟園。○注：從韋玄成之議也。河決。		以匡衡爲太子少傅。	

癸未，建昭元年。春正月，隕石于梁。罷孝文太后寢祠園。	甲申，二年。夏六月。秋，閏八月，太皇太后上官氏崩。冬，齊、楚地震，大雨雪。	乙酉，三年。夏六月，丞相元成①卒。秋七月，以匡衡爲丞相。冬。
	立子興爲信都王。	
	殺魏郡太守京房。	韋元成卒。
		西域副校尉陳湯矯制發兵，與都護甘延壽襲擊匈奴。

①「元成」即「玄成」。下同。

郅支單于於康居，斬之。傳首至京師，縣藁街十日。注：藁街在長安府南門内，藁街舊有蠻夷邸，若今鴻臚館。

丙戌，四年。春正月，藍田地震，山崩，壅霸水。安陵岸崩，壅涇水，逆流。

丁亥，五年。夏六月晦，日食。

秋七月，復諸寢廟園。〇注：上疾久不平，以爲祖宗譴怒，故復之。

徙濟陽王康爲山陽王。

戊子，竟寧元年。春正月。

匈奴呼韓邪單于來朝。

三月。

夏五月，帝崩。復罷諸寢廟園。○注：匡衡之奏也。

六月，太子驁即位。尊皇太后曰太皇太后，皇后曰皇太后。

秋七月，葬渭陵。○注：西安府咸陽縣東北一十二里。

以召信臣爲少府。

以元舅王鳳爲大司馬、大將軍，領尚書事。○注：王氏之篡，始此矣。

○注：呼韓邪聞郅支既誅，且喜且懼。入朝自言，願婿漢氏以自親。帝以後宮良家子王嬙字昭君賜之。

孝成皇帝。○注：名驁，元帝子，在位二十六年，壽四十五歲。己丑，建始元年。春正月，有星孛于營室。

石顯以罪免，歸，道死。封舅王崇爲安成侯，賜譚、商、立、根、逢時，爵關内侯。○注：譚、商、立、根、逢時，五舅之名，平阿侯王譚，成都侯王商，紅陽侯王立，曲陽侯王根，高平侯王逢時。

夏四月，黄霧四塞。秋八月，有兩月相承，晨見東方。○注：《晉書》有三日相承東行，愍帝建興三年。晉穆帝升平元年，秦太史奏：夜三月并出，不書。

冬，作南北郊，罷甘泉、汾陰祠。○注：從匡衡之請也。

庚寅，二年。春正月，罷雍五畤。○注：從匡衡之請也。始親祠南郊，減天下賦，錢算四十。三月，始祠后土于北郊。立皇后許氏。○注：車騎將軍嘉之女也。

夏，大旱。

辛卯，三年。秋八月。

許

策免車騎將軍

匈奴呼韓邪單于死，子復株累若鞮單于立。

冬十二月朔，日食。夜，地震未央宫殿中。詔舉直言極諫之士。○注：食震同日，且震在殿中，異甚。越巂山崩。丞相匡衡有罪，免爲庶人。

壬辰，四年。春正月，隕石于亳四，于肥纍二。○注：兩地同月而隕，異甚。以王商爲丞相。夏四月，雨雪。復召直言極諫之士，詣白虎殿對策。

嘉。○注：上欲專任王鳳，故策免許嘉。

御批 自古外戚之禍，莫甚于漢。由王氏相繼秉政，根深蒂固。加以莽賊承襲諸父之勢，包藏禍心，卒成篡竊，非一朝

秋，桃李實。〇河決。以王尊爲京兆尹。		王尊爲京兆尹。〇注：尊，涿郡高陽人。	
癸巳，河平元年。夏四月晦，日食。詔百官陳過失。秋，復太上皇寢廟園。			
甲午，二年。春正月，沛郡鐵官冶鐵飛。夏，楚國雨雹。〇注：大如斧。免京兆尹王尊官，復以爲徐州刺史。			匈奴遣使朝獻。
	徙山陽王康爲定陶王。	悉封諸舅爲列侯。	西夷相攻，以陳立爲牂牁太守討平之。〇注：夜郎王興，鉤町王禹，漏卧侯俞更舉兵相攻。
乙未，三年春正月。	楚王囂來朝。		

一夕之故也，履霜堅冰。成哀之世昧斯義矣。

二月，犍爲地震，山崩，雍江水逆流。秋八月晦，日食。〇求遺書。河復決。

丙申，四年。春正月，三月朔，日食。

夏四月，詔收丞相商印綬，商以憂卒。以張禹爲丞相。山陽火生石中。〇注：詔改明年元曰陽朔。

丁酉，陽朔元年。春二月晦，日食。

〇注：宣帝子上叔父也。

匈奴單于來朝。

罽賓遣使來朝獻。

冬，下京兆王章獄，殺之。		以薛宣爲左馮翊。	
戊戌，二年。夏四月。秋。	定陶王康卒。徙信都王興爲中山王。	以王音爲御史大夫。	
己亥，三年春三月，隕石郡八。秋八月。		大將軍鳳卒。	
九月。		以王音爲大司馬車騎將軍。詔王譚位特進，領城門兵。	
庚子，四年。夏四月，雨雪。		以王駿爲京兆尹。	

辛丑，鴻嘉元年。春正月。

二月，更以新豐戲鄉爲昌陵縣，奉初陵。帝始爲微行①。○注：上常從期門郎或小奴，或乘小車，或皆騎，出入市里、郊野，遠至旁縣，鬭雞、走狗，常自稱富平侯家人。富平侯者，侍中張放也，寵幸無比，故假稱之。

三月，丞相禹罷，以薛宣爲丞相。

壬寅，二年。

○注：駿，琅琊皋虞人。

以薛宣爲御史大夫。

薛宣爲丞相。

匈奴復株累若鞮單于死，弟搜諧若鞮單于立。

①帝王或高官便服私訪。

春三月，飛雉集未央宮承明殿。夏，徙郡國豪傑于昌陵。五月，隕石于杜郵三。		
癸卯，三年。夏，大旱。		王氏五侯有罪，詣闕謝，赦不誅。
冬十一月，廢皇后許氏。○注：爲趙飛燕故也。		
甲辰，四年。秋，河水溢。		
冬。		王譚卒，詔王商位特進，領城門兵。
乙巳，永始元年。夏五月。		封太后弟子莽爲新都侯。

六月，立倢伃趙氏爲皇后。○注：趙飛燕也。秋七月，詔罷昌陵，反故陵，勿徙吏民。○注：昌陵制度奢侈，劉向疏曰：『孝文皇帝嘗美石椁之固。張釋之曰：「使其中有可欲，雖錮南山猶有隙。邱隴彌高，發掘必速。」』帝乃詔罷昌陵。八月，太皇太后王氏崩。九月，黑龍見東萊。是月晦，日食。

二年。春正月。

二月，星隕如雨，是月晦，日食。

三月。

大司馬車騎將軍王音卒。○注：王氏惟音有忠義節。

以王商爲大司馬、衛將軍。

冬十一月，策免丞相宣，以翟方進爲丞相。		以孔光爲御史大夫。	
丁未，三年。春正月晦，日食。冬十一月，復泰畤、汾陰五時、陳寶祠。			
戊申，四年，春正月，帝如甘泉，郊泰畤。三月，如河東，祠后土。夏大旱。			
秋七月晦，日食。以何武爲京兆尹。	有司奏梁王立有罪，寢不治。		
己酉，元延元年。春正月朔，日食。			

夏四月，無雲而雷，有流星東南行，四面如雨。秋七月，有星孛于東井①。

冬十二月。

匈奴搜諧若鞮單于死，弟車牙若鞮單于立。

大司馬衛將軍商卒，以王根爲大司馬、驃騎將軍。○注：王商薨，紅陽侯立次當輔政。先是立使客于南郡，占墾草田數百頃，以入縣官，而貴取其直一萬萬以上，爲吏所發，上由是廢之，而用其弟根。故槐里令朱雲言事，得罪，既而釋之。○注：雲見帝曰：『願賜上方斬馬劍，斷佞臣一人頭，（指張禹也）以厲共餘。』帝

①東井，即井宿，二十八宿之一。因在玉井之東，故稱。

庚戌，二年。夏四月。

大怒曰：『小臣廷辱師傅，罪死不赦！』御史將雲下，雲攀殿檻，檻折。辛慶忌力救，乃免。後治檻。帝曰：『勿治。』因而輯之，以旌直臣。左將軍辛慶忌卒。

遣中郎將段會宗誅烏孫太子番丘，康居遣子貢獻。○注：初烏孫小昆彌安日爲降民所殺。詔立安日弟末振將爲小昆彌。時大昆彌雌栗靡勇健，末振將恐爲所并，使人刺殺之。立公主孫伊秩靡爲大昆靡。久之，翎侯難栖殺末振將，安日子安犁靡代爲小昆彌，上遣中郎將段會宗將兵誅末振將。太子番邱至昆彌所在，召番邱責以末振將之罪，即手劍擊殺之。

辛亥，三年。春正月，岷山崩。壅江三日，江水竭。秋，帝校獵長楊射熊館。○注：按成帝繼統，至是二十三載，而星隕、日食、雨雹、地震，災異紛紛。在漢世爲特甚，然未聞有所謂恐懼修省者。今此上書，山崩江竭，下書校獵長楊。帝之所以應天如此，是以末年熒惑守心之變。《綱目》亦削而不書，所以著其忽天之實也。

壬子，四年春正月，隕石于關東二。

中山王興，定陶王欣來朝。

癸丑，綏和元年。春二月，立定陶王欣爲皇太子。封孔吉爲殷紹嘉侯。三月，與周承休侯皆進爵爲公。	夏，建三公官。	秋八月。	冬十月。	十一月，廢后，許氏自殺。詔立辟雍，未作而罷。	甲寅，二年。
		中山王興卒。		立楚孝王孫景爲定陶王。	
	大司馬根去將軍號。		大司馬根病免。	以王莽爲大司馬。	
		匈奴車牙若鞮單于死，弟烏珠留若鞮單于立。			

春二月，丞相方進卒。三月，帝崩。以孔光爲丞相。太后詔罷泰畤、汾陰祠，復南、北郊①。夏四月，太子欣即位。○注：太子去年已正儲極，而三月帝崩，四月即位，曠月無君者何？意者王氏擅朝政，柄有屬，是以罷畤復郊。《綱目》特揭太后之詔。夫禮莫重于祭，祭莫重于郊。國嗣未立，太后以一婦人舉行其典。尚謂知所本乎？漢室之亡，又何待莽之篡而後見哉？尊皇太后曰太皇太后，皇后曰皇太后。葬延陵。

○注：西安府咸陽縣西北一十五里。追尊定陶共王爲定陶共皇。

霍方進卒。

①祭名。冬至祀天於南郊，夏至祀地於北郊，故謂祀天地爲郊。

五月，立皇后傅氏。尊定陶太后傅氏曰定陶共皇太后。丁姬曰定陶共皇后。詔劉秀典領五經。

秋七月。

九月，地震。詔定世宗爲不毀之廟。

冬十月。

益封河間王良萬户。○注：惠王良能修獻王之行，母太后薨，服喪如禮，故益封以爲宗室儀表。			
封丁明、傅晏皆爲列侯。	罷大司馬莽就第，以師丹爲大司馬。遣曲陽侯王根就國，成都侯王況爲庶人。		策免大司空武，遣

詔還陳湯長安。

孝哀皇帝。○注：名欣，定陶王子，成帝取爲子。在位六年，壽二十五歲。

乙卯，建平元年。春正月，隕石于北地十六。○注：北地，郡屬雍州，今寧州、涇州、慶陽府地。秋九月，隕石于虞二。○注：虞在梁國，今宋州之虞城縣，即古虞國也。

冬十月，中山王太后馮氏自殺。○注：中山王箕子之祖母也。

丙辰，二年。春正月，有星孛于牽牛。

夏。策免丞相孔光爲庶人。以

就國，以師丹爲大司空。

以朱博爲大司空。

免師丹爲庶人。

朱博爲丞相。詔共皇去定陶之號，立廟京師，尊共皇太后傅氏爲帝太太后，共皇后，丁氏爲帝太后。六月，太后丁氏崩。大赦，改元太初，更號陳聖劉太平皇帝。○注：陳本舜後，莽自稱舜之後，故謬語以明當篡立也。待詔黄門夏賀良言：『漢歷中衰，當更舜命，宜急改元易號。』上入寢疾，冀其有益，故從其議。秋七月，詔以永陵亭部爲初陵，勿徙民。八月，詔罷改元易號事，夏賀良等伏誅。

遣新都侯王莽就国。

丞相博有罪，自殺。冬十月，以平當爲丞相。

朱博自殺，平當卒。

丁巳，三年。春正月，丞相當卒。有星孛于河鼓①。夏四月，以王嘉爲丞相。

冬十一月，復泰畤、汾陰祠，罷南北郊。無鹽危山土起，瓠山石立。

東平王雲坐祠祭祝詛，自殺。

戊午，四年春正月，大旱。

封傅商爲博昌侯。

夏六月，尊帝太太后傅氏爲皇太太后。

諫大夫鮑宣上書。○注：宣渤海高城人。

匈奴單于上書請朝。

己未，元壽元年。春正月朔，日食。

以諫大夫鮑宣爲司隸。

①星名。又名黄姑、天鼓。共三星，今屬於天鷹座。在牽牛星北面。一説河鼓即牽牛。

太太后傅氏崩，合葬渭陵，號孝元傅皇后。下丞相王嘉獄，殺之。		下王嘉獄，殺之。	
秋七月，復以孔光爲丞相。		下司隸鮑宣獄，髡鉗①之。	
冬十二月。		以董賢爲大司馬、衛將軍。	
庚申，二年。春正月。夏四月晦，日食。五月，正三公分職，以董賢爲大司馬，孔光爲大司徒，彭宣爲大司空。			匈奴單于烏孫大昆彌來朝。
六月，帝崩。		董賢以罪罷。即日	

①古代刑罰。謂剃去頭髮，用鐵圈束頸。

秋七月，迎中山王箕子为嗣。○注：太皇太后與莽定議，遣王舜持節迎之。貶皇太后爲孝成皇后。○注：莽白太皇太后，詔有司以皇太后前與女弟昭儀專寵，錮寢殘滅繼嗣。貶之，徙居北宮。徙孝哀皇后于桂宮，追貶傅太后爲定陶共王母，太后爲丁姬。

八月，廢孝成孝哀皇后，就其園，皆自殺。

九月，中山王箕子即位。太皇

自殺。太皇太后以王莽爲大司馬，領尚書事。

遣紅陽侯王立就國。

策免大司空彭宣，

太后臨朝，大司馬莽秉政，百官總己以聽。

遣就國。○注：宣以莽專權，乞歸。以王崇爲大司空。○注：時年九歲。以孔光爲帝太傅，馬宮爲大司空。○注：宮，東海戚人。

孝平皇帝。○注：名箕子，改名衎，元帝庶孫，在位五年，壽十四歲。辛酉，元始元年。春正月。

立東平王開明，立中山王成都。

以王莽爲太傅，號安漢公。

益州塞外蠻夷獻白雉。

夏五月朔，日食。拜帝母衛姬爲中山王孝王后。

封宣帝耳孫三十六人爲列侯。

○注：使不得至京師也。封公子寬爲褒魯侯，孔均爲褒成侯。○注：以奉周公、孔子之祀○寬，魯頃公之後，均孔子十六世孫。

帝更名衎。

壬戌，二年。春，詔封宗室及功臣後爲王侯者百有餘人。隕石于鉅鹿二。

秋九月晦，日食。

黃支國。○注：南海中地。獻犀牛。○注：皆莽賄之使來也。

匈奴單于遣女入侍太皇太后。○注：女即王昭君女須卜居次云也。莽悅太后，故風單于令遣之來也，須卜虜複姓，居次云其名也。

癸亥，三年。

春，聘安漢公女爲皇后。

夏。

甲子，四年。春正月，郊祀高祖以配天宗，祀孝文以配上帝。改殷紹嘉公曰宋公，周承休公曰鄭公。

二月，遣大司徒宫等迎皇后入未央宫。○注：皇后書聘書，迎莽女一人而已。尊孝宣廟爲中宗，孝元廟爲高宗。

安漢公殺其子宇，滅中山孝王后家，殺敬武公主及何武、鮑宣等數百人。

安漢公自加號宰衡。升宰衡位在諸侯王上。

乙丑五年。春，祫祭明堂。復南北郊。○注：三十餘年，天地之祠凡五徙。發定陶共王母，及丁姬冢，取其璽綬。○注：莽之奏也。冬十二月，安漢公莽進毒，弑帝。○注：帝益壯，以衞后故，怨不悦。莽因臘日上椒酒，置毒酒中，帝崩。太皇太后詔徵宣帝元孫，又詔安漢公莽居攝踐阼。○注：太后與群臣議立嗣。時元帝世絶，而宣帝曾孫有見王者五人，列侯四十八人。莽惡其長大，曰：『兄弟不得相爲後。』乃悉徵宣帝元孫，選立之。時值錢輝光謝囂奏浚井得白石，有丹書。文曰：『告

安漢公莽自加九錫。

安漢公莽爲皇帝。』太后力不能制，乃下詔曰：『已徵孝宣皇帝元孫，以嗣孝平皇帝之後，但年在繈褓，孰能安之？令安漢公居攝踐阼，如周公故事。』

丙寅，孺子嬰居攝元年。春正月，立宣帝元孫嬰爲皇太子，號孺子。○注：嬰，廣戚侯勳之孫，顯之子也，年二歲。尊皇后曰皇太后。

夏四月，安衆侯劉崇起兵討莽，不克，死之。

五月，太皇太后詔莽朝見，稱假皇帝。

西羌反。○注：龐恬等怨莽奪其地。

丁卯，二年。秋九月，東郡太守翟義起兵

討莽，立劉信爲天子。三輔豪傑起應。莽遣兵拒之。義戰不克，死。信亦亡走。○注：信，嚴卿侯。義，汝南上蔡人。

戊辰，初始元年。秋九月。

冬十一月，太皇太后詔：莽號令奏事，毋言攝。○注：此莽奏請也。

十二月，莽更號太皇太后爲新室文母太皇太后。

莽母功顯君死。○注：莽自以居攝踐阼，奉漢大宗之後爲功顯君，緦衰弁而加麻環絰，如天子弔諸侯服。其不子甚矣。

莽自稱新皇帝。

按：王氏代漢，人謂始于杜欽、谷永，成于張禹、孔光，終于劉歆，而不知始終俱太皇太后有以成之也。以莽爲大司馬者，太母也，詔莽居攝踐阼者，太母也，詔莽稱假皇帝，詔莽號令奏事毋言攝者，亦皆太母也。莽之爲姦飾詐，行脅制之術，元后固無如之何，然非賴其主于內，亦何肆其謀哉！至于改號即真乃始惓惓于一璽而不忍與，蓋已晚矣。

篡統

己巳。

新莽始建國，一年。莽廢孺子爲定安公，孝平皇后爲定安太后。○注：莽策命孺子爲定安公，封以萬户，地方百里，立漢祖宗之廟于其國焉。與周并行其正朔[①]服色[②]。以孝平皇后爲定安太后。讀策畢，中傅將孺子下殿，北面稱臣。百僚陪位，莫不感動。定安第置門衛使者監領。敕阿乳母不得與語，常在四壁中，至長大，不能名六畜。改諸官名，

降漢諸侯王皆爲公，王子侯皆爲子。立九廟，以漢高廟爲文祖廟。禁剛卯[③]金力[④]。

①指一年第一天。正即正月，爲一年的第一月，朔即初一，爲一月的第一天，綜合起來即爲一年的第一天(今春節)。夏曆(農曆)以冬至後第二個月爲正月。

②服色，指車馬、祭牲、服飾等的顏色。古代由於五德思想的流行，每一王朝都有特別崇仰的某一種顏色。秦漢以後，新王朝建立，皆將改正朔、易服色視爲關係到國運的大事。

③佩在身上用作避邪的飾物。

④力，應作刀。

夏四月。

徐鄉侯劉快起兵討莽，不克，死之。

秋。

莽遣五威①帥班符命，更印綬。

庚午，春二月。

二年，莽廢漢諸侯王爲民。

冬。

莽罷漢廟及諸劉爲吏者。更號定安太后，曰黄皇室主。○注：太后年未二十，自劉氏廢，常稱疾不朝。會莽欲嫁之，乃更號曰黄皇室主，欲絶

莽改匈奴單于爲降奴服于。

①將軍名號。新莽時有五威將軍苗訢。

之于漢也。

辛未。

三年，莽迎龔勝爲太子師友祭酒，勝不食而死。

匈奴分道入塞，殺守尉，略吏民。州郡兵起。○注：莽遣將多齎珍寶至雲中塞下，招誘呼韓邪單于諸子，右犂汗王咸、咸子助、登三人，至則脅拜咸爲孝單于，助爲順單于，皆厚加賞。賜咸走出塞。傳送助、登長安，後助病死，以登代之。單于聞之，怒曰：『先單于受漢宣帝恩重，不可負也。今天子非宣帝子孫，何以得立。』遣兵入雲中塞，殺守尉，略吏民畜產，不可勝數。匈奴不曰入寇，而曰入塞，不曰

				盜起而曰兵起，以莽即寇也，盜也。
壬申，春。	四年。			莽殺匈奴順單于登，西南夷殺牂牁大尹①，貉人入邊。
癸酉。	五年，太皇太后王氏崩。			匈奴烏珠留單于死，烏累若鞮單于咸立。○注：匈奴用事大臣須卜當，當欲與中國和親，見咸爲莽所用，乃越次立之。
甲戌。	天鳳			

①杜預謂系近臣有寵者。于鬯《校書》則疑爲外戚官名。又，王莽改太守爲大尹，東漢復舊稱。

春三月。夏四月。六月。秋七月。	乙亥，春。	丙子，春二月。
元年，晦，日食。隕霜殺草木。黃霧四塞。大風雨雹，人相食。	二年。	三年，地震。大雨雪。○注：雪深一丈，竹柏或枯。長平岸崩，壅涇水。
	莽改匈奴單于曰恭奴單于。	

丁丑，秋七月。	晦，日食。			
夏六月。	四年，莽更授諸侯茅土①于明堂。		臨淮琅琊及荊州緑林兵起。○注：臨淮瓜田儀等，依阻會稽長洲。琅琊吕母聚黨，殺海曲宰，入海爲盜。荊州饑饉，民相侵奪。新市人王匡、王鳳爲平理爭訟，遂推爲渠帥。諸亡命者馬武、王常、成丹等皆亡從之，藏于緑林山中，數月間至七八千人○瓜田乃姓儀名也。	莽遣五威將王駿出西域，焉耆襲殺之。
戊寅，春。	五年，北軍南門災。莽孫宗自殺。		琅琊樊崇兵起。○注：琅琊樊崇起兵于莒郡，盜以崇	匈奴烏累單于死，弟呼都而尸道皋

①指王 侯的封爵。古天子分封王 侯時，用代表方位的五色土築壇，按封地所在方向取一色土，包以白茅而授之，作爲受封者得以有國建社的表徵。後遂以『茅土』指王 侯的封爵。

猛勇，皆附之，一歲間至萬餘人。逢安、徐宣、謝禄、楊音各起兵從崇，轉掠青、徐間○[1]更始入洛陽，崇留兵濮陽，與其徒詣洛陽降。更始政亂，崇亡归濮陽復叛，將兵入潁川，分爲二部。一自武剛，一從陸渾而西，俱會于宏農。至鄭，立劉盆子爲帝，遂入長安。

若鞮單于輿之。

己卯，春。

六年。

莽立須卜當爲單于，大募兵擊匈奴。

庚辰，秋七月。

地皇元年，大風毀莽王路堂。

①更始，指公元23年二月，緑林軍領導者王匡、王鳳等人擁立劉玄爲帝，恢復漢朝國號，建立的更始政權，自稱玄漢王朝。消滅王莽政權後統治天下兩年。公元25年九月，赤眉軍攻入都城長安，投降赤眉，更始政權告終。

辛巳，春正月。

二年，莽妻死。太子臨謀殺莽，事覺，自殺。○注：書莽殺其子宇矣，又書莽孫宗自殺矣。于是，復書太子臨謀殺莽，自殺。所以著其篡逆之應爲世戒也。

壬午，春二月。

三年，關東饑，人相食。

夏四月。

蝗飛蔽天。流民入關者數十萬人。

樊崇兵自號赤眉，莽遣王匡、廉丹擊之。○注：崇恐其衆與莽兵亂，乃皆赤眉以相識別，由是號曰赤眉。

秋七月。

漢宗室劉縯及弟秀起兵春陵，興復漢室，新市、平林兵皆附之。○注：初，長沙定王發生春陵節侯買，買生戴侯熊渠，熊渠生孝侯仁。仁以南方卑濕，徙封南陽之白水鄉，與宗族往家焉。仁卒，子敞

緑林兵分爲下江、新市兵，莽遣其將軍嚴尤、陳茂擊之。○注：緑林賊遇疾疫，死者過半，乃各分散。王常等西入南郡，號下江兵，王匡等北入南陽，號新市兵，皆自稱將軍。

荊州平林兵起。○注：新市王匡等進攻隨，平林人陳牧、廖湛，復聚衆千餘人，號平林兵以應之。

赤眉破廉丹，誅之。

嗣，值莽篡位，國除。節侯少子外爲鬱林太守，外生鉅鹿都尉回，回生南頓令欽。欽取湖陽樊重女，生三男：縯、仲、秀。縯性剛毅，慷慨有大節，常憤憤，懷復社稷之慮，傾身破産，交結天下雄俊。秀隆準日角，常受尚書長安，略通大義，性勤稼穡。宛人李守，好星歷讖記，嘗謂其子通曰：『劉氏當興。』及新市、平林兵起，通遣從弟軼往，與秀相約結定謀，起兵春陵。是時縯自發春陵子弟，子弟皆亡匿。曰：『伯升殺我。』及見秀絳衣大冠，皆驚曰：『謹厚者亦復爲之。』乃稍自安。凡子弟七八千人。

冬十一月。

漢兵與莽守將甄阜、梁丘賜戰，不利。遂與下江合兵，襲取其輜重。

不成統。按：凡例不成君，亦依正統已絕之例。注云：『如劉玄，雖稱漢帝，不成統也。』謂仗義承統而不能成功者。

癸未。

漢帝劉玄更始。

	○注：玄者何，節侯買元孫也。不書漢宗室，何不以玄並縯也，《綱目》書改元矣，曷爲不以紀年大書之不成玄之爲帝也，不成玄之爲帝，即不成之爲統也。玄何以不成之爲統，玄之不足以君天下也。故終玄之世，《綱目》恒斥名之。	
春正月。	攻皋賜，誅之。又破嚴尤、陳茂于淯陽下，遂圍宛。	
二月。	新市、平林諸將共立更始將軍劉玄爲皇帝。大赦，改元。○注：春陵戴侯曾孫玄在平林軍中	

號更始將軍。時漢兵已衆，而無所統，諸將欲立劉氏以從人望。南陽豪傑及王常等皆欲立縯，而新市、平林將帥樂放縱，憚縯威名，貪玄懦弱，先共定策立之，然後召縯，以示其議。縯曰：『諸將軍幸欲尊立宗室，甚厚！然赤眉赴青、徐間，聞南陽立宗室，赤眉復有所立。王莽未滅，而宗室相攻，是疑天下而自損權，非所以破莽也。不如且稱王以號令，亦足以斬諸將。若赤眉所立者賢，相率而往從之。若無所立，破莽降赤眉，然後舉尊號，未爲晚也。』諸將皆曰『善』。張卬曰：『疑事無功，

	今日之議不得有二。』衆從之。二月，設壇場於淯水上，玄即皇帝位，以劉縯爲大司徒，秀爲太常偏將軍。由是，豪傑失望。			
三月。		劉秀徇昆陽、定陵、郾，皆下之。○注：昆陽在南陽府葉縣南。郾，大郾子國，今爲許州。		
夏五月。	莽遣王尋、王邑、會尤、茂，圍昆陽。莽棘陽長岑彭以宛降漢，玄入都之。○注：彭，棘陽人，鄧州屬。			
六月。	玄殺大司徒劉縯，以劉秀爲破虜將軍。	劉秀大破莽兵于昆陽下，殺王尋。劉秀徇潁川，馮異	成紀隗、囂起兵應漢。○注：成紀隗，崔隗義起兵平襄，以應	

以五縣降。〇注：異父城人汝州東南父城堡。劉望稱帝于汝南，以嚴尤、陳茂爲將相。玄遣兵擊殺之，并誅尤茂。

漢。崔兄子囂，素有名，好經術，崔推爲上將軍。囂聘平陵方望以爲軍師。望説囂立廟祀高祖、太宗、世宗，稱臣執事，數莽罪惡，擊殺雍州牧及安定太守，分遣諸將徇隴西、武都及河西諸郡，皆下之。

更始入長安，囂遂降仕于更始。及長安亂，囂走還天水，復聚其衆，稱西州上將軍，據有安定、北地、天水、隴西四郡居冀，仍附于漢。復叛降公孫述，封爲朔寧王。光武八年，帝自將征囂，囂奔西城，囂衆降吴，漢引兵圍西城，囂病，餓而卒，衆立其子純。

秋九月。				
玄入長安，孝平皇后自焚，崩。衆共誅				
	公孫述起兵成都。初，茂陵公孫述爲情水①長，有能名；遷導江卒正，治臨邛。南陽宗城起兵徇漢中以應漢。述遣使迎之，成等至成都，虜掠暴橫。述見其非義兵，乃詐爲漢使，拜述將軍，兼益州牧，擊成，殺之。而并其衆。據成都，自立爲蜀王，尋稱帝，號成家。既又北取南鄭，南服越巂，東下江州，據扞關，盡有益州之地。光武十二年，爲吴漢擊殺之，其將延岑，遂以成都降。蜀遂平。			

①情水：清水。縣名。

莽，傳首詣宛。○注：后，莽之女也。自莽篡漢，已易號爲安定太后。既又更爲黄皇室主。至此，特書孝平皇后，則其不絶于漢，不失爲天下之母。不以莽故而易其實，能全大節，不辱其身，瞭然在目矣。

冬十月。

玄北都洛。玄封劉永爲梁王。○注：故梁王立之子，都睢陽。

以劉秀行大司馬事，遣徇河北。劉賜爲丞相。大司馬秀至河北，除莽苛政，復漢官名。

以彭寵爲漁陽太守。○注：宛人彭寵，亡命漁陽。其鄉人韓鴻爲更始使者，徇北州，乃承制，拜寵爲漁陽太守。建武二年，以漁陽叛，攻幽州牧朱浮於薊。既而涿郡太守張豐亦叛應寵。薊城飢窘，尋爲寵所得，因自稱爲燕王。

	十二月。
復攻陷右北平及上古數縣，後爲其奴所斬。樊崇降漢，既而逃歸。莽盧江連率李憲據郡，稱淮南王。〇注：光武三年稱帝。置百官，擁九城，衆十餘萬。	王郎稱帝于邯鄲，尋下幽冀。〇注：初，莽時，長安中有自稱成帝子子輿者，莽殺邯鄲卜者，王郎緣是詐稱真子輿。劉林素任俠于趙魏間，與趙國大豪李胥[1]推稱帝。徇下幽冀，州郡響應。

①李胥：當作『李育。』

甲申，春正月。	二年。		
	大司馬劉秀北徇薊。	竇融爲張掖屬國都尉。○注：竇融，累世仕宦河西，知其土俗，更始時，私謂兄弟曰：『天下安危未可知；張掖屬國帶河爲固，足以自守，此遺種處也。』乃因趙萌前往。更始以爲張掖屬國都尉。融以威信撫結五郡僚屬。又與太守梁統五人等相厚善。更始敗，乃共推融行河西大將軍事，撫定河西。嗣聞帝功德，乃決策東向，遣人奉書詣洛陽。帝詔以爲涼州牧。	
二月。	玄遷都長安。		

夏四月。	秋。	冬。
玄立大司馬劉秀爲蕭王。		
大司馬秀以耿弇爲長史。大司馬秀以賈復、祭遵爲將軍。耿弇以上谷漁陽兵行定郡縣，會大司馬秀于廣阿。秀以其將寇恂、吴漢爲將軍，進拔邯鄲。斬王郎。	蕭王擊銅馬諸賊，悉收其衆。南徇河内，降之。	蕭王遣將軍鄧禹將兵入關，寇恂守
	公孫述自稱蜀王。	赤眉西攻長安，秦豐據黎邱自號

①此處脱字，當補『玄』字。

河内，馮異拒洛陽，自引兵徇燕、趙。梁王永據國起兵。○注：初，更始立故梁王立之子永爲王，都睢陽。至是，據國起兵，攻下二十八城；又辟西防賊帥佼彊、東海賊帥董憲、琅琊賊帥張步，皆爲將軍，督青、徐二州，與之連兵，遂專據東方。尋稱帝。

楚黎王。盧芳起安定。○注：安定盧芳自稱武帝曾孫，劉文伯與三水屬國羌兵、胡起兵。更始入長安，使鎮撫安定。更始敗，三水豪傑共立芳爲上將軍、西平王。遣使與匈奴、西羌相結，匈奴乃迎芳入匈奴，立爲漢帝。